LE LANGAGE DES GESTES

LE LANGAGE DES GESTES

Tour d'horizon du langage des gestes

Le langage des émotions

Les gestes de la séduction

Se mettre en valeur grâce au langage des gestes

Le langage des gestes en société

Les gestes culturels

Introduction

Que ce soit dans notre vie sociale ou professionnelle, nos gestes donnent des indices sur notre personnalité, trahissent nos émotions, révèlent notre intérêt ou notre ennui... et cela sans même que nous en soyons conscients ! Il est donc utile d'apprendre à maîtriser notre communication non-verbale en travaillant notre voix, notre allure ou encore notre poignée de main ! À travers une étude détaillée du langage corporel, cet ouvrage vous proposera de précieux conseils pour gagner en charisme, faire une bonne première impression, avoir l'air sûr de vous en entretien, mais aussi déchiffrer les gestes des autres et détecter les mensonges !

Tour d'horizon du langage des gestes

Découvrez que le langage des gestes est omniprésent dans notre quotidien… et à quel point il peut s'avérer utile de le maîtriser !

L'utilité de mieux connaître le langage du corps

« La chose la plus importante en communication, c'est d'entendre ce qui n'est pas dit. »

Peter Drucker

Témoignage

« Cela fait longtemps que le langage du corps est un sujet qui m'intéresse particulièrement entre tous. Non que je sois à proprement parler un spécialiste là-dedans, mais j'ai toujours été convaincu que le corps et l'esprit ne pouvaient pas aller l'un sans l'autre, et aussi que notre pensée se reflétait toujours, à un moment donné, dans notre corps. J'ai un très bon exemple à ce sujet d'ailleurs, un peu décalé à vrai dire, mais parlant : quand ma femme fait de l'eczéma, je sais qu'elle ne va pas bien, même si elle essaie de me le cacher et qu'elle me dit qu'elle est juste un peu fatiguée... Alors donc, quand je vois qu'elle a de l'eczéma, je redouble d'attention avec elle et je me pose un peu plus de questions sur mon comportement passé... Et très souvent, je m'aperçois que je n'ai pas été très sympa avec elle, par exemple... Et que sa façon à elle de me le dire, ce sont ces plaques rouges sur la peau ! Mais sans aller jusque-là, mieux connaître la communication non verbale (via des livres ou des stages, par exemple), m'a beaucoup servi, que ce soit professionnellement ou dans ma vie privée. Maintenant, je sais, par exemple, quand un de mes employés ne va pas bien, ou veut me dire quelque chose mais n'ose pas. Ça me permet d'être plus proche de mon équipe. Je fais plus attention aux petites choses que je n'aurais jamais remarquées avant : il s'avère que notre façon de bouger ou de nous tenir en dit long sur nous... J'ai beaucoup amélioré mes relations grâce à cet outil ! »

Denis, 38 ans

Un peu de théorie

Un moyen de mieux connaître autrui

La communication non verbale est une mine d'informations pour ceux qui s'y intéressent et observent leurs semblables avec un regard un peu affûté. On attache beaucoup d'importance à la parole, mais ce mode de communication est tout aussi riche. Pourquoi ? Parce qu'il met en jeu des éléments à la fois personnels, culturels et universels. Universels parce qu'il est en effet composé de certains éléments communs à tous les êtres humains, surtout en ce qui concerne les gestes liés à nos émotions ou à la séduction (c'est-à-dire principalement liés à la reproduction...). Une personne qui connaît bien les codes les déchiffrera donc chez vous aussi bien qu'il les déchiffre déjà chez lui-même. D'autres éléments, encore, demeurent plus culturels, et donneront aux personnes avec qui vous communiquez des indices quant à votre éducation ou à votre culture. En effet, selon que vous êtes de la haute bourgeoisie parisienne ou de la classe ouvrière du bassin méditerranéen ou de Lille, il est évident que vous ne bougerez ni vous ne vous exprimerez de la même façon... D'autres éléments enfin, n'appartiennent qu'à vous, et constituent une sorte de signature personnelle, quasi inimitable : le timbre de votre voix, votre démarche, votre façon de rire... Une personne qui vous connaît bien reconnaîtra les altérations et les changements dans ces signes subtils... Et ces indices vaudront, à certains moments, bien plus que tous les mots que vous pourrez dire (pensez à Denis et à l'eczéma de sa femme...).

Un moyen d'améliorer ses relations

Imaginez une personne incapable de déchiffrer la communication non verbale de son entourage. Cette personne serait ainsi inapte à sentir les émotions des autres, ce qui aurait pour effet une absence d'empathie naturelle et une intelligence émotionnelle au plus bas. Il serait, en fait, quasiment impossible pour elle d'avoir des interactions normales avec les autres. Elle ne pourra pas être présente pour les aider ou les soutenir s'ils ne vont pas bien. On ne peut en effet bien communiquer avec les autres personnes que si on est capable de voir (même inconsciemment) tous ces messages non verbaux. Les voir, et encore mieux prendre conscience de ces messages, est une condition sine qua non pour avoir des relations interpersonnelles normales, voire satisfaisantes. Et cela en partie parce que si l'on ne voit pas les bons signaux, on ne pourra pas répondre de la bonne façon (comme si « oui » signifiait « oui » pour les autres et « non » pour vous...). Comme la communication est un échange, une mauvaise compréhension du message donnera obligatoirement un mauvais feed-back... Mieux encore, si l'on est vraiment attentif aux autres, on peut même saisir des nuances encore plus subtiles dans leur comportement, et améliorer vraiment la qualité de notre communication, voire de nos relations... Quand on est amené à réfléchir sur ce qu'on voit tout autant que sur ce qu'on entend, on peut arriver à avoir des réactions beaucoup plus pertinentes et donc une présence et des relations bien plus profondes...

Un moyen d'améliorer sa communication

Améliorer sa communication en faisant les bons gestes au bon moment, c'est possible ! Même si cela nécessite beaucoup d'entraînement, voire pourquoi pas de bonnes qualités d'acteur, il est possible d'améliorer son charisme et la façon dont on est perçu par autrui, en faisant les gestes adéquats. Tout cela se travaille ! D'ailleurs, les personnalités publiques ne s'y sont pas trompées, et l'on ne compte plus celles qui prennent des « conseillers en image », qui leur apprennent à mieux bouger, mieux se tenir, mieux parler, mieux sourire aussi (même si en France, ces pratiques sont longtemps restées taboues)... L'image que l'on dégage est en effet si importante que la question ne peut être mise de côté. D'ailleurs, les hommes politiques ont raison de se méfier de leur gestuelle, car elle va souvent à l'encontre de leurs discours (qui a dit « langue de bois » ?)...

À plus petite échelle (tout le monde ne souhaite pas être président...), cela peut servir à chacun de nous, de savoir comment se tenir lors d'un entretien d'embauche ou en réunion, ou comment faire de l'effet lors de la présentation d'un projet professionnel. Notre timidité naturelle peut être notre ennemie, en entreprise comme ailleurs, car elle nous fait entre autres bafouiller et suer ! Nous sommes jugés sur ce que nous dégageons et il est utile, au travail comme dans la vie, de savoir gérer cette apparence. Adopter les bons gestes, les bonnes postures peut aider à mieux se faire respecter et mieux se faire écouter...

À RETENIR

Une meilleure connaissance de l'autre

La façon bien à elle dont une personne communique à travers son corps donnera énormément d'indices sur sa personnalité propre, sur sa culture, voire sur ses habitudes. Et l'on peut remarquer sans trop s'étonner que mieux nous connaissons une personne, plus il nous est facile de déchiffrer chez celle-ci ces petits gestes du quotidien.

De meilleures relations avec les autres

La communication non verbale nous aide également à reconnaître les émotions des autres pour pouvoir y répondre de façon pertinente, ce qui est crucial pour nous, les êtres humains, êtres sociaux par excellence. Un individu qui ne « verrait » pas le langage corporel des personnes qui l'entourent serait quelqu'un de profondément inadapté socialement…

Un meilleur impact sur les autres

Dès lors que l'on acquiert une grande connaissance (ainsi qu'une grande maîtrise) de la communication non verbale (celle des autres et la sienne propre), il devient beaucoup plus facile pour nous de moduler l'impact de cette communication non verbale auprès des autres… Pensez-y la prochaine fois que vous devrez parler devant 200 ou 300 personnes !

Taper ses incisives avec l'index

Ce signe, que l'on pourrait interpréter comme de la nervosité, est une façon peu amène de montrer que l'on a perdu le fil de la discussion et qu'on s'en fiche. Donc, si votre interlocuteur effectue ce geste, demandez-lui son avis sur vos dernières paroles : cela le remettra vite dans le bain !

Regarder un objet en parlant

Si votre collègue de travail ou votre patron, au cours de la discussion, finit par fixer un objet quelconque dans la pièce pendant qu'il vous parle, c'est qu'il ne vous parle plus vraiment, mais opère un transfert sur l'objet : en fait, on peut même dire qu'il se parle à lui-même plus qu'à vous !

L'abandon du territoire

Pour savoir si une personne est plutôt d'un profil « dominé », regardez sa posture. Si les jambes restent serrées (debout ou assis), le dos légèrement voûté et les gestes contraints, alors c'est que cette personne essaie de prendre le moins de place possible, et se fera sûrement marcher sur les pieds...

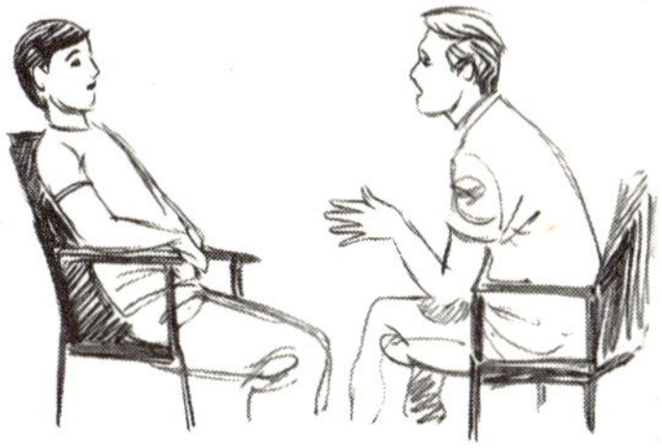

La catapulte

Votre interlocuteur, assis sur sa chaise, a le buste penché vers l'arrière et ses mains croisées enserrent sa tête par-derrière ou sur le dessus. Ne vous fatiguez pas à discuter avec lui, cette personne ne vous écoute pas et prend même toutes vos paroles à la légère. De là à dire qu'il est démotivé...

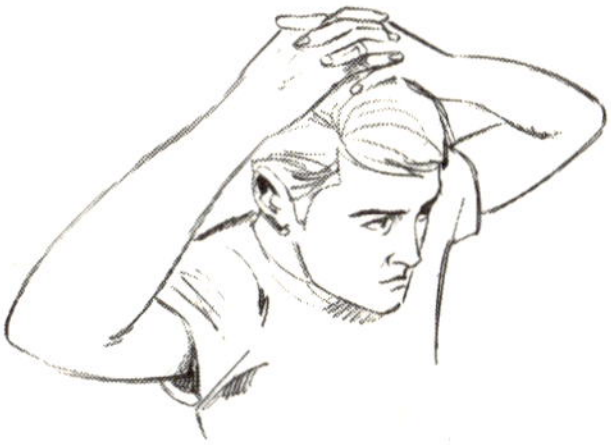

L'importance de la communication non verbale

« Ce que cache mon langage, mon corps le dit. Mon corps est un enfant entêté, mon langage est un adulte civilisé. »

Roland Barthes

Témoignage

« Ma sœur est sortie pendant deux ans avec Florian. C'était le genre "beau gosse", qui savait pertinemment l'effet qu'il faisait aux femmes. En plus, c'est vrai qu'il n'était pas bête du tout, je dirais même qu'il était plutôt cultivé. Bref, le vrai gendre idéal. Moi, je m'en suis toujours méfiée, peut-être parce que je le trouvais justement trop beau pour être honnête ! Et puis j'avais peur qu'il fasse du mal à ma sœur. Elle, évidemment, elle était dingue de lui !

Bref, j'ai commencé à me dire qu'il y avait de l'eau dans le gaz au bout d'un an et demi. Ce n'est pas que Florian délaissait ma sœur, mais je sentais bien qu'il n'était pas aussi amoureux d'elle qu'elle l'était de lui. Par exemple, ma sœur le regardait toujours comme si c'était la huitième merveille du monde, alors que lui ne lui rendait jamais ce genre de regard : quand il l'embrassait, il regardait même souvent ailleurs... Mais ce qui m'a définitivement convaincue, c'est quand j'ai vu Florian avec une de ses collègues, une fois, en ville (eux ne m'avaient pas vue). Ils discutaient normalement, mais à un moment donné, j'ai vu sa collègue remettre en place la cravate de Florian. En soi, ça ne voulait rien dire, c'est vrai, mais la façon dont elle l'a fait m'a vraiment fait "tilter" : si lui n'était pas amoureux d'elle, la réciproque n'était pas sûre... Je n'ai rien dit, parce que je ne considérais pas cela comme une preuve suffisante, mais je n'ai pas été surprise quand ma sœur m'a annoncé qu'ils se séparaient... »

Tatiana, 31 ans

Un peu de théorie

Un héritage de l'évolution

« L'être humain est un être réfléchi, conscient de ce qu'il fait et de ce qu'il dit », pensons-nous souvent à propos de nous-mêmes. C'est vrai, bien sûr : nous sommes capables de contrôler énormément de choses : nos pensées, nos paroles, nos actions, notre gestuelle, notre apparence... Mais nous nous mentirions certainement si nous disions que nous étions capables de tout contrôler ! Certaines choses, en effet, échappent à notre vigilance, parce qu'avant d'être des hommes, nous sommes d'abord des êtres issus de l'évolution : il nous reste donc beaucoup de réflexes et d'automatismes hérités de notre lointain passé... La communication non verbale, et tout particulièrement le langage du corps, en est un exemple superbe et tout trouvé. On pourrait même dire, contrairement à ce qu'on peut penser habituellement, que ce langage corporel prime très souvent sur le langage verbal, à un point que nous imaginons rarement... Car la (récente) civilisation humaine et ses codes ne rivaliseront jamais avec les centaines de milliers d'années d'évolution qui ont permis à l'être humain de devenir ce qu'il est maintenant...

Effectivement, le langage corporel est avant tout un moyen de communication naturel, spontané, qui ne se censure pas et qui fait appel à la partie la plus « animale » de nous-mêmes. Comme si notre cerveau « reptilien » (le moins civilisé donc, celui qui ne sait pas mentir) prenait le contrôle du reste de notre cerveau pour nous faire faire ce qu'on ne voulait pas dire tout haut...

Des informations nombreuses et très subtiles

En effet, alors que la communication verbale se limite aux mots employés – et même si rien que cela peut déjà paraître compliqué parfois à chacun d'entre nous – la communication non verbale est (elle aussi) d'une extrême complexité et d'une grande variété. Ainsi, on pourrait décomposer la communication non verbale en quatre catégories.

Première catégorie, les éléments auditifs que sont le ton de la voix et la voix elle-même. La preuve : quand vous avez une personne au téléphone, vous savez souvent si elle est de mauvaise humeur, même si elle vous assure du contraire, elle ne peut pas vous mentir. Deuxième catégorie, l'apparence physique des personnes (le look, la coiffure, l'aspect propre ou négligé, etc.), qui peut être séparée de leurs gestes à proprement parler, et qui transmet encore tout un tas d'informations sur eux. Troisième catégorie, le langage corporel lui-même, c'est-à-dire toutes les informations issues de la gestuelle, de la démarche, des attitudes, des postures que l'on adopte quand on est assis ou debout, ou encore de l'espace que l'on met habituellement entre soi et les autres… Et quatrième catégorie enfin, un point souvent oublié mais très important, nous « sentons » également beaucoup d'informations, avec notre odorat donc, que ce soit ces fameuses phéromones ou encore un parfum enivrant…

Ainsi, l'on voit bien que tous nos sens (et pas seulement nos capacités intellectuelles) sont mis à contribution quand il s'agit de communiquer avec autrui…

La loi des 7/38/55

Nous savons donc maintenant que la communication non verbale a une importance capitale. Mais est-il possible de mesurer les poids respectifs de ce que je dis, d'un côté, et de ce que je fais, de l'autre côté, quand je m'adresse à autrui ?

Parce qu'il a répondu à cette question, un chercheur américain du nom d'Albert Mehrabian est resté très célèbre, en édictant notamment la loi des 7/38/55. Mehrabian étudiait entre autres choses ce que l'on appelle la « congruence » dans la communication, c'est-à-dire la concordance entre ce que nous disons (les mots que nous choisissons d'employer et leur sens), la façon dont nous le disons (le ton, la voix, le débit, le volume, etc.) et les gestes qui accompagnent nos paroles. Il s'est ainsi aperçu que les mots, finalement, n'avaient que peu d'importance s'ils n'étaient pas en quelque sorte « confirmés » par les autres éléments.

Ainsi, il est arrivé à la conclusion suivante : en situation de communication directe (et donc de communication visuelle) avec autrui, les mots « comptent » pour 7 % de notre compréhension, le ton de la voix pour 38 %, et les gestes pour 55 % (ce qui donnerait un total de 93 % pour la communication non verbale) ! Notons cependant que ces chiffres ont été trouvés en situation dite « ambiguë », c'est-à-dire quand l'interlocuteur parlait sur un registre plutôt émotionnel. Quand il s'agit de parler de chiffres, par contre, l'importance des gestes est amoindrie, car on s'attache plus, alors, au contenu du discours...

À RETENIR

Un animal en chacun de nous

L'homme est le produit de son histoire personnelle, mais il est aussi le produit de l'histoire en général. Et la communication non verbale est le parfait exemple de cette évolution. Les mots, pour importants qu'ils soient, ne sont venus que bien tard sur l'échelle de l'évolution...

Un langage varié et très bavard...

Si l'on voulait vraiment se focaliser sur la communication non verbale, il nous serait bien difficile en effet d'analyser (en même temps et de façon consciente) la multitude des éléments qui rentrent en jeu pendant ces situations : le look, la voix, le démarche, la posture, les odeurs... Tous nos sens se mettent en branle quand on doit communiquer.

Des mots sans importance ?

Et pourtant, toutes ces informations, nous les analysons déjà sans faire trop d'efforts : car notre cerveau le fait pour nous, en « sous-marin » si l'on peut dire. Et de même, il en tire ses propres conclusions : le langage non verbal peut compter jusqu'à 93 % dans l'appréciation que l'on fait de l'individu que l'on a en face de nous !

Les cheveux remontés

Brigitte Bardot n'a rien inventé, même si l'image d'elle remontant ses longs cheveux blonds sur le haut de son crâne a fait d'elle une icône. C'est en effet une façon de valoriser ses cheveux et son visage, de remonter ses seins et même de découvrir son aisselle pour laisser les phéromones agir !

Tendre le bout de ses doigts

Un homme rencontre une femme pour la première fois, et cette dernière lui tend le bout de ses doigts, dans un geste qui oscille entre la poignée de main et le baisemain. Ce geste est à la fois séducteur et précieux, voire un peu condescendant : la femme veut paraître délicate et distinguée.

Profil offensif

Nous croisons toujours nos bras de la même façon : le bras droit domine l'autre ou vice versa. Et même si l'on essaie de changer de bras dominant, on se sent peu à l'aise. Si c'est votre bras droit qui domine, vous avez plutôt un profil offensif : votre bras peut se dégager très vite pour frapper...

Profil défensif

Si vous croisez vos bras et que votre bras gauche se retrouve dominant (il est au-dessus de votre bras droit), vous avez ce que l'on appelle un profil plutôt défensif : vous préférez vous protéger qu'attaquer. Autrefois c'est en effet le bras gauche qui tenait le bouclier, alors que le droit portait l'épée...

Une communication complexe et souvent inconsciente

« Je parle avec mon corps, et ceci sans le savoir. Je dis donc toujours plus que je n'en sais. »

Jacques Lacan

Témoignage

« Dernièrement, je suis allée à un stage de management et développement personnel, payé par mon entreprise. Le stage avait pour thème principal l'amélioration de nos prises de paroles en public. En fait, je suis passée manager d'une équipe de 9 personnes récemment, et je ressentais vraiment le besoin de m'améliorer pour tout ce qui est conduite de réunions, ou présentation de projets. J'ai donc tout fait pour participer et tirer un maximum de choses de ce séminaire. En plus, le formateur était vraiment sympa, donc on se sentait bien en confiance. C'était un ancien comédien et prof de théâtre, donc je pense qu'il s'y connaissait plutôt bien en matière de prise de parole en public !

On a fait beaucoup d'exercices pratiques, et notamment des exercices filmés. Bernard, le formateur, nous a filmés le premier jour, en nous demandant de nous présenter, debout, devant les autres (l'horreur !). On a ensuite visionné les présentations. Et je me suis aperçu de tous les tics que je peux avoir quand je me sens mal à l'aise ! Bon, déjà, moi, je rougis facilement, mais alors là, j'étais une vraie pivoine ! Et puis je n'arrêtais pas d'avancer et de reculer de façon assez ridicule... comme si j'avais une seule idée en tête, partir, mais que je n'osais pas le faire ! Sans parler des deux cents fois où j'ai remis mon pull en place... Je me suis dit que si mes collègues me voyaient comme ça quand je faisais mes présentations, c'était normal que je n'emporte pas l'adhésion immédiatement... »

Delphine, 32 ans

UN PEU DE THÉORIE

Qu'est-ce que la communication ?

La communication, c'est l'émission d'un message entre un émetteur et un récepteur, et l'émission ensuite d'un feed-back (c'est-à-dire d'une réponse), entre le récepteur et l'émetteur. Communiquer, c'est donc transmettre et recevoir des messages. Il est vrai que, maintenant, quand on pense au terme « communication », on pense tout de suite aux ordinateurs, aux téléphones portables, et à d'autres appareils ultra-perfectionnés mais tellement courants à notre époque. Mais on a tendance à oublier que la première (et la plus importante ?) forme de communication, c'est quand deux personnes sont ensemble et échangent des informations, et ce de façon directe ! Et quand deux personnes se parlent, autour d'un verre, d'un bureau ou dans la rue, il n'est pas exagéré de dire que leur mode de communication est au moins aussi perfectionné et complexe qu'un appel téléphonique !

Car oui, la communication interpersonnelle est beaucoup plus complexe qu'elle n'y paraît. Car si tout le monde communique, cela ne signifie pas que tout le monde se comprend ! La communication, c'est le concept qui définit seulement l'échange d'informations, mais cela ne définit nullement la compréhension de l'autre ! Les questions à se poser sont les suivantes : Nous communiquons, mais communiquons-nous bien ? Avons-nous toutes les cartes en main pour bien nous comprendre ? Quels peuvent être les freins à une bonne communication ?

Les problèmes de communication

Ils sont multiples, et proviennent en grande majorité de notre complexité d'être humain. Premièrement, nous sommes tous des êtres différenciés, avec, pour chacun d'entre nous, son propre monde et sa propre vision du monde, enregistrés dans son cerveau. Plus clairement, face au même message, nous réagissons tous différemment, et ceci notamment à cause de certains « filtres » qui nous conditionnent. Ces filtres peuvent être physiques (nos cinq sens), ou psychologiques (comme notre éducation, notre vécu, etc.)

Ensuite, nous ne sommes pas toujours conscients de ce que nous communiquons, dans la mesure où nous ne maîtrisons pas toujours le message que nous voulons transmettre : beaucoup de parasites, d'imprécisions, d'omissions peuvent brouiller malgré nous notre communication. En effet, la communication implique des éléments dont nous n'avons pas forcément conscience, et ceci surtout quand nous communiquons de façon directe avec les autres.

Dans le cas de Delphine, par exemple, la timidité peut mettre en péril sa crédibilité auprès de son équipe quand elle doit s'exprimer en public. Son témoignage met en évidence le fait suivant : on peut avoir un discours très structuré et parfaitement argumenté, sans ce que ce dernier soit efficace, s'il n'est pas servi par une attitude adéquate : les gens n'entendront pas ce que vous dites si visuellement ils ne sont pas « séduits » par votre attitude.

Devenir conscient de notre communication non verbale

Évidemment, ces éléments dont il faut prendre conscience sont liés au langage du corps, ou à ce qu'on appelle dans le jargon la communication non verbale. Ainsi, quand on étudie de près la communication interpersonnelle, on se doit de distinguer notamment la communication verbale de la communication non verbale. Le premier type de communication, dite verbale, concerne exclusivement les mots que l'on emploie quand on veut faire passer un message : on étudie ainsi le niveau de discours (familier, courant...), le type de mots employés (mots à tendance technique, affective, émotionnelle etc.), la construction du discours (introduction, thèse, antithèse...), etc.

Par déduction, la communication non verbale englobera donc tout le reste de la communication, c'est-à-dire beaucoup de choses en effet ! Car communiquer avec quelqu'un, ce n'est pas seulement dire des mots ! On peut dire que le ton de la voix et ses inflexions, les attitudes que l'on prend, les gestes et les regards que l'on fait pour accompagner, nuancer ou appuyer ses paroles, ou même encore les habits que l'on porte, tout ceci fait partie intégrante de la communication. C'est bien sûr à ce deuxième type de communication que nous allons nous intéresser dans cet ouvrage. Car une fois que l'on a pris conscience de notre impact non verbal, rien ne nous empêche de l'améliorer et de nous en servir pour mieux communiquer avec les autres...

À RETENIR

Communication = échange (complexe) d'informations

La communication, c'est l'histoire d'un émetteur et d'un récepteur et de messages échangés entre eux deux. Mais sous cette apparence de simplicité se cache une complexité diabolique ! Car il faut prendre conscience que deux personnes qui discutent enclenchent un processus de communication tout aussi complexe que bien des systèmes informatisés !

Des éléments inconscients

À chaque fois que nous communiquons, nous échangeons des données. Mais nous en envoyons et en captons tellement que nous ne sommes pas forcément capables de décrypter toutes ces données. Ainsi, pour améliorer notre communication, il peut être utile de prendre conscience de certains éléments auxquels nous ne faisions pas forcément attention avant.

Communication verbale et non verbale

Quand nous parlons, nous sommes conscients des mots que nous avons choisis pour exprimer telle ou telle idée… C'est la communication verbale – qui ne représente finalement qu'une petite part de l'impact que nous produisons sur les autres. La communication non verbale, notre langage corporel faisant tout le reste… (et ce même à notre insu !)

Frotter ses mains sur ses cuisses

Ce geste indique un malaise, voire un sentiment de culpabilité, comme si on voulait se laver les mains d'un acte répréhensible (les paumes sont ouvertes ou même fermées). Mais ce peut être aussi une conséquence d'un excès de transpiration au niveau des paumes, une autre preuve de malaise.

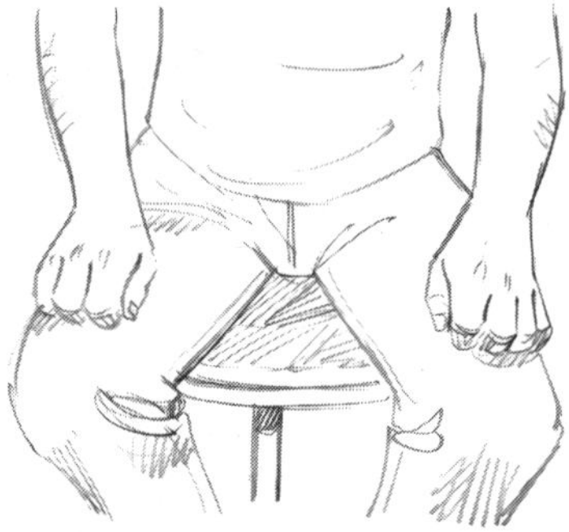

S'asseoir sur ses mains

Certaines personnes, quand elles ne se sentent pas à l'aise, ont ce curieux geste de s'asseoir sur leurs mains (les mains viennent en dessous des cuisses, sur les paumes en général). Ce geste montre une certaine immaturité, car c'est un geste que les enfants font quand ils ont fait une bêtise...

Les mains centripètes

Les mains dites « centripètes » sont celles qui, naturellement, font des mouvements plutôt tournés vers soi, comme si elles revenaient tout le temps vers leur propriétaire. Elles dénotent un grand besoin de contrôle, mais aussi une certaine forme d'égoïsme, voire d'avarice, financière ou émotionnelle.

Les mains centrifuges

Les mains dites « centrifuges » font naturellement des mouvements tournés vers l'extérieur. De fait, en bougeant ainsi, leur propriétaire paraît souvent plus ouvert, bienveillant, voire généreux. Mais ce sont aussi des mains très tactiles, qui ont du mal à respecter l'espace intime des autres…

La morphopsychologie

« Nous sommes tels que la nature nous a faits ; on peut, peut-être (et c'est un peut-être), régler sa conduite, mais non pas changer ses sentiments ni son caractère. »

Marie du Deffand

Témoignage

« Il y a quelques années, je travaillais comme technicien dans la téléphonie, et je voulais changer de travail, mais je ne savais pas trop vers quoi me diriger. J'en ai parlé à une amie, qui m'a conseillé d'aller voir un ami à elle, un morphopsychologue. Au début, j'étais très méfiant : je ne connaissais pas cette discipline et franchement, j'avais du mal à croire qu'on puisse dire qui j'étais exactement en regardant seulement la forme de mon visage. Mais bon, je n'avais pas grand-chose à perdre non plus : Jacques, le morphopsychologue, acceptait de me voir pour une somme modique, vu que j'étais l'ami d'une amie. J'avoue que les résultats ont été étonnants : il a donc fait une analyse de mon visage et un bilan complet de mon caractère, en me proposant différents métiers dans lesquels je pourrais m'épanouir. Il m'a défini comme ouvert, sociable, avec un grand besoin de nouveauté, et beaucoup "d'énergie vitale". J'avais besoin, d'après lui, d'un environnement et d'un travail varié, où je pourrais rencontrer des gens différents, voyager, etc. Et bon, tout était vrai ! Finalement, je me suis inscrit dans une école privée pour devenir ingénieur du son. Depuis, je fais ce métier et je me sens vraiment bien : je vois du monde, j'assiste à plein de concerts, je voyage en France et à l'étranger. Et depuis peu, j'ai réussi à faire assez d'heures pour être intermittent du spectacle… Comme quoi, finalement, la morphopsychologie, ce n'est peut-être pas que du baratin… »

Jérôme, 39 ans

Un peu de théorie

La morphopsychologie, une vraie science ?

La morphopsychologie sert à étudier les correspondances entre la morphologie des traits d'un visage et la psychologie d'une personne. C'est une discipline très controversée qui n'est d'ailleurs pas reconnue comme une science à part entière... Cependant, elle compte beaucoup d'adeptes, et il nous semble utile d'en parler, car, à bien y réfléchir, nous faisons tous de la morphopsychologie, de façon intuitive. Ainsi, nous nous basons tous sur des critères physiques pour évaluer quelqu'un que l'on rencontre pour la première fois. Qui n'a jamais dit *« ça se voit qu'elle est gentille, elle le porte sur elle »* ? Et puis, quand on parle de communication non verbale, il est difficile de ne pas parler de morphopsychologie. En effet, si l'on exprime tant de choses à travers notre corps, il semble normal que la forme de notre visage et nos expressions dégagent aussi certaines choses. Il est ainsi vrai que certains de nos traits de caractère peuvent sembler liés à certaines de nos caractéristiques physiques. La façon dont notre système hormonal (ou nerveux) fonctionne peut, par exemple, avoir des répercussions sur notre apparence physique, mais aussi sur notre émotivité ou notre énergie. Enfin, il faut préciser que la morphopsychologie va décrire une tendance ou un potentiel chez un individu, et non un trait de caractère figé : les morphopsychologues assurent que rien n'est définitif, et que les événements importants que nous rencontrons durant notre vie modifient aussi notre visage.

Un visage à trois étages

Nous allons maintenant aborder ici quelques règles de la morphopsychologie. D'abord, il faut préciser que la morphopsychologie analyse plus particulièrement ce que renvoie le visage, en le divisant notamment en trois parties. La première partie est le haut du visage, composé des yeux, des sourcils et du front. C'est l'étage « intellectuel », c'est-à-dire que cet endroit correspond à la façon dont les gens réfléchissent. Par exemple, un front très haut serait l'apanage de quelqu'un de très conceptuel, penchant vers l'abstraction, alors qu'un front plus petit serait plutôt le signe d'une personne plus terre à terre, cartésienne, qui s'attacherait davantage aux choses concrètes.

Le deuxième étage, l'étage « relationnel », représente, lui, la partie comprise entre les yeux et la bouche : il comprend donc le haut des joues, ainsi que les pommettes, le nez et les oreilles. C'est l'étage émotionnel, celui qui donne des précisions sur l'affectivité du sujet analysé. Ainsi, un nez court, accompagné de joues rebondies présagerait une personnalité ouverte, sociable, alors qu'un nez long avec des pommettes très saillantes serait le signe de quelqu'un de plus indépendant ou solitaire.

Enfin, le troisième étage est composé de la bouche et du menton et serait l'étage « matériel » : celui qui donne des informations sur les besoins matériels du sujet, par exemple au niveau professionnel. Ainsi, une personne avec un menton très saillant, plutôt en avant, serait persévérante et très combative.

La forme des récepteurs

En morphopsychologie, une autre composante importante est liée à ce que l'on appelle les récepteurs. Les récepteurs sont en fait toutes les ouvertures présentes sur le visage, qui font le lien entre notre monde extérieur et notre monde intérieur.

Ainsi, les récepteurs principaux sont les yeux, le nez, la bouche et les oreilles. Ces récepteurs, en fonction de leur taille et de leur forme, donneraient des indications sur la façon dont nous interagissons avec le monde qui nous entoure.

Ainsi, si vous avez plutôt une grande bouche avec des lèvres charnues (récepteur situé, rappelons-le, dans l'étage matériel) cela dénoterait plutôt un profil de bon vivant, associé à de gros besoins matériels (nourriture, confort, argent, voire sexe !) et une tendance à l'accumulation : vous auriez tendance à privilégier la quantité à la qualité. Par exemple, vous préféreriez acheter dix vêtements à dix euros plutôt qu'un seul à cent euros.

Au contraire, une bouche étroite et fine serait le signe d'une personne plus élitiste, qui aurait un grand besoin de contrôler son environnement. Cette personne serait plutôt prudente, c'est-à-dire qu'elle réfléchirait beaucoup avant d'agir. Elle serait également plus qualitative que quantitative. Pour donner un exemple concret, ce serait une personne qui aurait tendance à aller dans des supermarchés spécialisés dans des produits bio pour faire ses courses : elle mangerait un peu moins, mais en faisant très attention à ce qu'elle a dans son assiette...

À RETENIR

La morphopsychologie, une « science » à part

La morphopsychologie se base sur un vieux mais toujours sulfureux postulat : elle offrirait la possibilité d'analyser la personnalité d'un individu en se basant uniquement sur des critères physiques. Évidemment, les scientifiques sont très partagés sur ce sujet, mais cette « science » millénaire (qui existe depuis l'Antiquité) a en fait de nombreux adeptes.

Notre visage divisé en trois parties

En effet, notre visage serait ainsi divisé en trois « étages », avec un ou deux étages dominants. Chaque partie est d'abord analysée séparément puis les trois sont évaluées ensemble pour former un profil psychologique. Le haut du visage serait l'étage intellectuel, la partie médiane serait l'étage affectif, et la partie basse serait l'étage matériel.

« Mère-grand, que vous avez de grands yeux… »

Un autre élément important serait la taille de nos récepteurs : yeux, bouche, nez… De grands récepteurs seraient le signe d'une grande ouverture ou une grande avidité du monde extérieur. Au contraire, de petits récepteurs dénoteraient une personnalité plus concentrée, plus élitiste. La forme du visage est aussi importante pour analyser les récepteurs.

Le visage mis en valeur

Une mimique bien féminine consiste à valoriser son visage en l'encadrant avec ses mains, ou en se servant de ses mains comme « piédestal ». Par exemple, une femme laissera reposer son visage sur le dos de ses deux mains superposées (coudes appuyés sur la table) pour regarder l'objet de sa convoitise.

Langue de bois

À quoi reconnaît-on quelqu'un qui réfléchit beaucoup pour vous dire ce que vous avez envie d'entendre ? Il joint les mains devant son visage et appuie ses pouces ou ses index sur ses lèvres, comme pour une prière. Soyez sûr qu'à ce moment-là, il ne vous écoute pas et prépare déjà sa réponse.

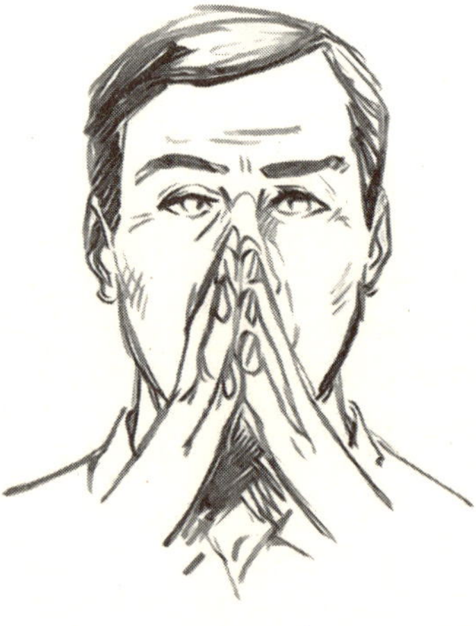

Se pincer le nez

Vous êtes en train de faire une proposition à votre patron mais vous vous apercevez qu'il se pince le nez en vous regardant. Cela signifie qu'il n'est pas du tout d'accord avec vous. Il vous le dit même symboliquement : « Je ne sens pas ce que vous êtes en train de me dire »… Une histoire de flair !

La main en bâillon

Ce geste (bâillonner la bouche avec la main) est un geste récurrent pour aider à nous concentrer, à faire abstraction de ce qui nous entoure. On le fait quand on doit par exemple relire des notes. Le corps se met alors en « circuit fermé », ce qui nous aide à ne pas nous laisser distraire.

Apprendre à s'observer

« La plus grande difficulté consiste à demeurer à l'écoute de son corps. »

Joseph Messinger

Témoignage

« Il y a trois ans, je venais de rompre avec mon petit ami. Je me suis alors dit qu'il fallait que je profite de ma nouvelle liberté pour faire des choses que j'avais vraiment envie de faire. Je me suis donc inscrite à un programme de coaching personnel, dont j'avais entendu parler depuis longtemps, avec un formateur spécialisé en développement personnel, Hervé. Il m'a beaucoup aidée, m'a beaucoup écoutée, et j'ai acquis des outils bien concrets qui m'ont vraiment aidée à passer ce cap difficile.

Hervé m'a notamment appris une chose : être plus à l'écoute de mon corps. J'ai appris que mon corps disait souvent des vérités que mon esprit refusait de voir. J'ai par exemple souvent tendance à « intellectualiser » certains ressentis, mais du coup comme je suis trop dans la réflexion, je n'écoute plus mon instinct... Ce conseil, je l'ai appliqué quand je me suis sentie prête à plonger de nouveau dans « le bain des célibataires cherchant l'âme sœur ». Ainsi, quand je rencontrais quelqu'un, j'essayais de ne pas trop écouter ce que me disait mon cerveau, mais j'étais plutôt à l'affût de ce que me disaient mes cinq sens, mes émotions : « Est-ce que je suis bien avec cette personne ? Qu'est-ce que je ressens quand je suis avec elle ? Est-ce que je me sens à l'aise ? » *Et finalement, cela m'a bien servie je pense, car cela m'a évité de vivre des histoires foireuses avec des types qui me disaient pleins de belles choses, mais que mon corps (ou mon cœur ?) ne « sentait » pas vraiment... »*

Cynthia, 35 ans

Un peu de théorie

Ne pas écouter que sa tête

Dans notre société, les qualités intellectuelles et cognitives sont souvent beaucoup plus valorisées que les qualités émotionnelles : les tests de « QI », les tests psychotechniques et autres tests de logique sont souvent dans le hit-parade des tests à l'embauche, pour ne donner qu'un seul exemple. Pourtant, ce qui fait la qualité d'une personne, ce n'est pas forcément sa capacité à faire une équation à trois inconnues... L'empathie et l'intelligence émotionnelle sont aussi de bons indicateurs de la « valeur » d'une personne, de ses capacités au travail, surtout si cet individu doit avoir des responsabilités managériales, travailler en équipe et diriger des collègues. Une personne que l'on embauche peut ainsi avoir tous les diplômes et toutes les compétences possibles et imaginables, ces dernières ne seront rien si elle est incapable d'avoir des relations sociales satisfaisantes, basées sur le respect, l'écoute et l'échange.

Le fonctionnement est le même pour décoder les gestes d'autrui : on peut connaître le langage non verbal sur le bout des doigts et être pourtant incapable de le déchiffrer correctement chez son interlocuteur. Pourquoi ? Parce que c'est déjà en écoutant son propre corps, c'est-à-dire ses ressentis et ses émotions, que l'on pourra correctement décoder celui des autres ! En effet, si vous lisez les gestes des autres en ne vous impliquant pas vous-même émotionnellement, alors tout ce savoir ne servira à rien puisque vous n'aurez que 50 % des informations...

Prendre conscience de ses ressentis

L'observation de soi-même (ce que l'on appelle aussi l'autoscopie) est cruciale quand on veut vraiment étudier la communication non verbale. Car si la gestuelle de votre interlocuteur est importante, la vôtre l'est tout autant, voire bien plus ! Vous pouvez presque en apprendre autant sur l'autre en observant votre propre corps qu'en observant le sien ! Rester conscient de son corps, des positions qu'on prend, des gestes qu'on fait permet d'analyser ses propres réactions. Notre corps est donc un outil précieux quand il s'agit de « juger » quelqu'un d'autre, car si votre cerveau peut vous mentir, prisonnier de ses schémas, votre corps, lui, ne mentira jamais…

Vos émotions et vos ressentis ne sont en effet que le miroir de ce que l'autre vous envoie : votre corps capte les signaux que l'interlocuteur émet, et y répond de façon instantanée, sans même en prendre conscience, ou sans passer par la case « réflexion ». Si votre interlocuteur vous envoie de l'agressivité camouflée (derrière de l'humour, par exemple), alors votre corps en prendra note et vous préviendra. Vous pourrez ressentir un malaise, une gêne, ou alors une accélération du rythme cardiaque, ou encore, tout simplement une tension dans votre corps, qui se contractera comme s'il se sentait attaqué… Il sera important, dans ce cas-là, de prendre conscience de tout cela, afin de porter plus d'attention à l'autre et à sa gestuelle.

Connaître sa gestuelle personnelle

Il est donc important, quand on parle de communication non verbale, de prendre conscience tout d'abord de sa propre gestuelle. Par exemple, si vous savez qu'en cas de malaise dans une discussion, vous avez tendance à vous recoiffer compulsivement et à bouger votre jambe de façon frénétique, vous saurez mieux repérer ces gestes quand ils arriveront. Et justement, vous vous apercevrez peut-être que ces deux gestes vous sont venus naturellement quand vous avez rencontré Pierre (ou Marlène)... Cela peut signifier, sans même que votre cerveau l'ait véritablement intellectualisé, que vous avez perçu chez cette personne quelque chose qui ne vous a pas plu, ou qui vous a gêné... Tout ça grâce à votre corps ! Mais attention : cela ne veut pas dire que vous devez tout de suite couper les ponts avec elle, mais qu'il serait en revanche judicieux, à la prochaine rencontre, d'être plus vigilant, et d'observer plus attentivement ses gestes et les vôtres pour comprendre mieux et avancer dans votre relation.

Enfin, sur un plan strictement personnel, mieux connaître son corps et ses réactions, cela permet aussi de mieux répondre à ses propres besoins... En effet, alors que nous savons « seulement » ce que nous désirons, notre corps sait, lui, ce dont nous avons besoin... Ainsi, si vous ressentez de la fatigue et que vous bâillez toutes les cinq minutes, sachez « décrypter » ces signaux et allez au lit, au lieu d'aller à cette soirée où vous êtes sûr de vous ennuyer... Votre corps vous dira merci !

À RETENIR

Ne pas faire confiance qu'à sa tête

Effectivement, ce n'est pas parce que vous aurez mémorisé par cœur tous les gestes et toutes les postures décrits dans ce livre que vous saurez parfaitement décoder la communication non verbale de votre interlocuteur. Ce langage s'analyse aussi avec son corps et son cœur, en restant à l'écoute de ces derniers, car eux ne se trompent jamais…

Faire confiance à ses émotions

Elles sont en effet la réponse instantanée aux signaux envoyés par notre interlocuteur. Si vous ressentez donc un malaise en la présence d'un individu (et même si sa gestuelle est ouverte ou chaleureuse), faites confiance à votre instinct, car votre corps a certainement décrypté des éléments dont votre cerveau rationnel n'a pas pris conscience…

Savoir décrypter ses propres réactions

Nous avons tous des gestes que nous reproduisons naturellement quand nous nous sentons anxieux, gênés ou mal à l'aise. Bien répertorier et analyser ces gestes permet de les repérer plus facilement et d'affiner notre grille de lecture. Mais cela permet surtout d'être à l'écoute de nos besoins plutôt que d'être toujours soumis à ceux des autres…

stress, colère…
Se ronger les ongles

Se ronger les ongles est le geste de l'angoisse par excellence. Ce serait, selon certains psychologues, un geste régressif, une manière « adulte » de sucer son pouce. Pour d'autres, ce serait au contraire un geste d'agressivité refoulée : on retourne contre soi l'hostilité ressentie envers l'autre.

Des pieds accrocheurs

En position assise, le stress est visible au niveau du bas du corps, car on le contrôle moins bien. Ainsi notre réaction naturelle est d'augmenter la surface de contact sur notre peau, car cela nous rassure. On accroche donc ses pieds à ceux de la chaise, on serre les cuisses ou on les croise, etc.

Balancement

Le fait de se balancer d'un pied sur l'autre quand on est stressé (certains vont même jusqu'à se balancer d'avant en arrière) est une réminiscence de l'enfance. Ce geste rappelle le fait d'être bercé par sa mère, sensation douce et agréable, faite pour nous rassurer dans les moments difficiles.

Mordiller son crayon

Quand on est anxieux, on a souvent besoin de mettre quelque chose dans la bouche. Pour certains, c'est un crayon, un cure-dents ou encore une cigarette, mais d'autres préfèrent manger dans ces cas-là. Ce serait une sorte de régression inconsciente vers l'époque où l'on tétait le sein de sa mère.

Dis-moi comment tu marches je te dirai qui tu es

« C'est simple : À voir marcher quelqu'un, on connaît sa pensée. »

Pétrone

Témoignage

« Ces derniers mois, je ne travaillais pas, et j'avais donc beaucoup de temps pour moi. Alors ce que j'aimais faire parfois, quand j'étais seul, c'était me mettre à la terrasse d'un café, quand il faisait beau, et observer les gens autour de moi ou qui marchaient dans la rue.

En fait, je ne faisais pas cela dans un but purement "voyeuriste" : je m'intéresse un peu à la photographie et c'est important, pour un photographe, de capter l'allure des gens, leur façon de bouger, de marcher, ça dégage vraiment quelque chose d'indéfinissable. Et puis c'est toujours marrant et passionnant d'observer des inconnus et d'essayer d'imaginer leurs vies, leurs émotions, suivant la tête qu'ils ont, mais aussi suivant la manière dont ils marchent ou dont ils se tiennent. Je suis sûr qu'il y a des fois où je ne dois pas tomber si loin que ça dans mes suppositions : on voit l'homme d'affaires pressé d'aller à son rendez-vous, qui aimerait courir, mais qui sait que cela ne sied pas à son statut et qui se contente donc de marcher très vite... On voit aussi la jeune fille en fleurs qui n'a pas encore tout à fait conscience de ses charmes, mais qui roule quand même des hanches de façon à la fois totalement naturelle mais aussi un peu travaillée... Sans parler de la petite mamie qui a l'air de porter sur elle tout le poids de son existence, et qui marche le nez par terre et à petits pas précautionneux... Je suis sûr que je pourrais même reconnaître les habitués de mon café rien qu'à leur démarche ! »

Antoine, 42 ans

Un peu de théorie

Une démarche personnelle

Depuis quelques années, les scientifiques se penchent sérieusement sur la façon que nous avons de nous mouvoir et dissèquent de façon précise les informations que notre démarche transmet aux autres. Car marcher ne nous sert pas qu'à nous déplacer, loin de là ! En effet, notre façon de marcher regrouperait beaucoup d'informations sur notre personnalité et nos singularités et serait partie intégrante de notre communication non verbale : notre démarche en dirait long sur notre sexe, notre âge, certaines caractéristiques psychologiques et fournirait même d'autres informations, comme notre état de santé ou notre statut de dominant ou dominé...

D'un point de vue évolutionniste, le fait de savoir capter ces informations, même inconsciemment, aurait été très utile, à une époque où le langage même n'existait pas encore, pour choisir son partenaire sexuel, ou encore pour différencier une proie d'un prédateur, un ami d'un ennemi... Comme quoi nous sommes bien sûr, encore et toujours, un produit de l'évolution de notre espèce !

Évidemment, chaque personne marche différemment. Par exemple, si vous voyez, même de loin, une personne de votre entourage, il y a de grandes chances pour que vous la reconnaissiez... et vous pourrez même dire si elle a l'air triste ou heureux... Chaque personne aurait donc, dans sa démarche, des éléments quasiment immuables, qui transmettraient des informations sur son caractère, et d'autres éléments qui varieraient selon le contexte, son humeur du moment, etc.

Domination et vulnérabilité

Tout d'abord, notre démarche fournirait beaucoup d'informations sur notre statut hiérarchique au sein du groupe dans lequel on évolue, si on en est le leader ou le laissé-pour-compte. Une étude sur le degré de vulnérabilité de certaines personnes a notamment été faite au Japon, à l'aide d'outils à la technologie avancée. Ces personnes dont on étudiait la démarche ont tout d'abord été modélisées sur ordinateur. On les faisait marcher dans le noir, avec des points lumineux placés à des endroits stratégiques du corps. Les observateurs ne voyaient donc pas du tout leur aspect physique mais pouvaient seulement suivre leurs mouvements grâce aux points lumineux. Ensuite, il a été demandé aux « cobayes » (le test portait sur des femmes exclusivement) de remplir un questionnaire, dans lequel on leur demandait par exemple l'historique des différentes agressions qu'elles avaient pu vivre au cours de leur vie (comme des « mains aux fesses » non désirées dans le métro bondé, par exemple). Les résultats ont été étonnants : les observateurs pouvaient déterminer de façon très précise quelles femmes étaient les plus susceptibles de se faire agresser ! La démarche correspondant à ces sujets « vulnérables » était notamment caractérisée par de petites enjambées, un faible balancement des bras et une façon « prudente » de poser le pied par terre. A contrario, les femmes qui faisaient de grandes enjambées accompagnées d'amples mouvements de bras étaient considérées comme dominantes…

Démarche, émotions et séduction

De même, notre état émotionnel serait visible dans notre démarche de façon certaine. Le même type de test, toujours fait en modélisant une personne à l'aide de points lumineux, a également été pratiqué en Allemagne. Les scientifiques demandaient aux sujets testés de penser à des choses heureuses, tristes ou angoissantes et de marcher en même temps... Et les observateurs pouvaient sans se tromper, déterminer exactement l'état émotionnel dans lequel les sujets se trouvaient, et ce rien qu'en observant leur démarche ! Cela tiendrait notamment à notre rapidité et notre tonicité, à la façon dont on se tient (droit ou courbé), au balancement de nos bras (plus ou moins accentué) ou encore à la façon dont on frappe le sol avec le bout du pied, de manière plus ou moins volontaire, ou justement comment on traîne des pieds...

D'autres études, encore plus étonnantes, ont également porté sur notre façon de marcher et le rapport entre démarche et état hormonal... En effet, notre démarche (et plus spécialement celle des femmes, vous allez comprendre pourquoi...) varierait énormément selon... le moment de notre cycle et la concentration de certaines hormones associées à la reproduction ! Ainsi, il semblerait que nous adoptions une démarche plus chaloupée (et donc plus attirante pour les hommes) quand nous sommes en période d'ovulation, c'est-à-dire en pleine période de fertilité... Ainsi, même sans que nous en ayons conscience, nous sommes encore soumises à cette bonne vieille loi de l'évolution !

À RETENIR

Démarche et identité

En observant la démarche de quelqu'un (et même si aucun autre indice que la démarche n'est visible), nous pouvons de façon instinctive en déterminer le sexe, l'âge, et même certains traits de caractère… Cela serait dû au fait que nous avons dû, dans les temps anciens, déterminer rapidement si celui qui s'avançait vers nous était un ami ou un ennemi.

Démarche dominante ou dominée

Cela va même encore plus loin ! En effet, la façon dont nous marchons indiquerait aussi aux autres notre degré de domination et de vulnérabilité, que l'on soit homme ou femme. Ainsi, notre cerveau serait une sorte de détecteur ultra-sensible qui nous indiquerait d'instinct si l'autre est une proie ou au contraire un prédateur dont il faut s'éloigner…

Une démarche soumise à nos émotions

Dans le même ordre d'idée, nous sommes également capables de déterminer, rien qu'en observant leur démarche, si les personnes que l'on voit déambuler sont plutôt de bonne humeur, ou au contraire abattues, en colère ou inquiètes. Enfin, il semblerait que les femmes en période d'ovulation aient une démarche plus « aguichante » pour attirer les mâles…

La démarche féminine

En situation de séduction, une femme modifie inconsciemment sa démarche. Ainsi, elle accentue la supination de ses bras : cela signifie que ses mains et ses bras font un mouvement ample vers l'extérieur, très féminin. Et évidemment, elle se déhanche beaucoup plus (comme en période d'ovulation !).

La démarche masculine

© Oliver

Un homme qui souhaite séduire va accentuer le côté viril de sa démarche, qui va ainsi paraître plus vigoureuse et dynamique. Son torse se bombe et ses bras accentuent leur pronation : les poignets s'orientent vers l'intérieur, et les bras accentuent leur mouvement vers l'avant pendant qu'il marche.

© Oliver

Les mains dans le dos

Certaines personnes, quand elles sont debout ou quand elles marchent, aiment avoir leurs mains dans le dos, l'une tenant l'autre par le poignet par exemple. Cette posture indique en général une bonne dose de confiance en soi et de l'autorité, car elle expose tous les points vitaux sans protection.

Rester debout

Si vous voulez donner à votre discours ou présentation un caractère dynamique et vivant, restez debout ! En effet, même si cela demande un plus grand effort de « self-control », la station debout est idéale car elle confère une certaine supériorité, surtout si vos interlocuteurs sont assis.

Je le saurai si tu me mens !

« Le mensonge est le seul privilège qui distingue l'homme de tous les autres organismes. »

Fiodor Dostoïevski

Témoignage

« En tant que directeur des ressources humaines, je fais régulièrement passer des entretiens d'embauche pour mon entreprise. Ma méthode est très simple : je sélectionne les CV les plus prometteurs, je vérifie quelques références et je demande à mon assistante d'appeler pour prendre rendez-vous. Le plus dur est ensuite à venir, car un recrutement coûte cher et a parfois un enjeu considérable, au vu des sommes dépensées en formation lors des premiers mois de travail. Le plus important pour moi, c'est que la personne paraisse sincère et ne me mente pas, même si l'on n'est jamais sûr de rien. Mais en général, je pense avoir un bon « feeling » là-dessus. Je ne sais pas comment, mais je le « sens » quand quelqu'un n'est pas franc avec moi : je ne sais pas si c'est leur visage ou leur façon de parler qui me met la puce à l'oreille, mais je crois que je sais détecter les « incohérences ». Du coup, je creuse quand je sens que le candidat a quelque chose à cacher. Bon, après, il faut aussi être réaliste. D'un côté, beaucoup de gens gonflent leur CV et exagèrent leurs réalisations. Et d'un autre côté, s'ils paraissent mal à l'aise en entretien, ce n'est pas forcément parce qu'ils mentent mais plutôt parce qu'ils sont stressés ! J'essaie donc de les mettre à l'aise d'abord, pour pouvoir les « cuisiner » plus facilement ensuite. Pour le moment, mes choix et mon intuition se sont révélés plutôt payants, donc je continue à choisir les candidats de la même façon ! »

Jean-Marc, 49 ans.

Un peu de théorie

Détecter les mensonges, est-ce vraiment possible ?

Et d'abord, est-ce souhaitable ? Pas vraiment, en fait. Par exemple, quand vous demandez à votre collègue si elle va bien en lui souhaitant bonjour, vous n'attendez pas d'elle une sincérité sans limites : un « *Oui, très bien et toi ?* » suffit. Même chose si vous demandez à votre conjoint ce qu'il pense de votre nouvelle coupe de cheveux... Avez-vous vraiment envie d'avoir une réponse sincère (qui, dans le meilleur des cas, serait par exemple : « *Bof, ça ne change pas grand-chose en fait...* ») ?

Cela étant dit, nous ne mentons pas seulement pour être polis, ne pas blesser l'autre ou pour paraître à notre avantage. Nous mentons aussi pour tromper, induire en erreur, voler, cacher des erreurs... Et dans ce cas-là, il est vrai que développer une sorte de « radar à mensonges » peut être très utile...

Alors, existe-t-il réellement des indices qui peuvent de façon sûre nous permettre de repérer quand quelqu'un ment ? Oui... et non. Oui, parce que certains gestes, attitudes et comportements sont, en effet, liés au mensonge ou à la manipulation. Non, parce que ces mêmes gestes, attitudes et comportements peuvent être interprétés différemment selon la situation et ne peuvent donc constituer, en eux-mêmes, des preuves fiables à 100 %... Ce qui est sûr, c'est qu'il est souvent difficile de dire pourquoi on « sent » que l'autre ment... mais que notre intuition est notre meilleure alliée dans ces moments-là.

Chercher les incohérences

Jean-Marc le dit dans son témoignage : ce qu'il cherche pour différencier la vérité du mensonge, ce sont les incohérences dans le discours des candidats. Cela signifie, pour lui, recouper les informations, demander des détails, creuser pour trouver d'autres informations… Mais cela peut aussi signifier autre chose.

En effet, ce qui nous rend « crédibles » aux yeux des autres en général, c'est notre cohérence. Et cette cohérence s'appuie sur le fait que nos actes correspondent à nos paroles : quand quelqu'un dit quelque chose mais agit autrement, nous ne le considérons pas comme fiable. Pour détecter un mensonge, c'est la même chose : il faut repérer les gestes qui ne correspondent pas aux paroles, ou qui viennent les contredire. Par exemple, si quelqu'un vous assure qu'il vous dit la vérité sans vous regarder dans les yeux, n'avez-vous pas tendance à mettre ses paroles en doute ? Si, évidemment. Même si, encore une fois, un regard fuyant ne garantit pas à 100 % que l'autre ment…

Cette incohérence, on peut la trouver dans de tout petits gestes, en particulier tous les gestes orientés vers la bouche ou le nez et en général le visage, qui, s'ils sont multipliés, montrent que la personne a quelque chose à cacher. Si, en répondant à l'une de vos questions, l'autre se met soudain à se gratter le nez, toucher sa bouche, son col, ses yeux ou ses oreilles, tout en jetant des regards de côté, continuez à creuser : il est mal à l'aise.

Des émotions factices

En fait, il est aussi difficile de savoir avec certitude qu'une personne ment comme de mentir de façon parfaitement convaincante. Pourquoi ? Parce que nous contrôlons très peu de nos gestes, mimiques et attitudes et que même quand nous essayons de les contrôler, cela n'est pas si facile que ça à faire. Il faut avoir une grande maîtrise de soi et un art consommé de la comédie pour mentir vraiment bien !

Par exemple, si l'on regarde du côté des émotions, ces dernières sont très difficiles à cacher ou à contrefaire, tout simplement parce que nous ne contrôlons habituellement pas ce que nous ressentons. Ainsi, une personne qui contrefait une émotion aura souvent tendance à la « plaquer » sur son visage, mais sans subtilité : elle sourira trop longtemps mais sans que cela n'atteigne les yeux, ou paraîtra exagérément surprise. Ainsi, une fausse émotion apparaît souvent de manière trop prolongée (contrairement aux vraies émotions qui sont, elles, plutôt volatiles) : le danger dans ce cas-là est donc de « trop en faire » !

Enfin, sachez qu'une personne qui cligne des yeux de façon répétée après avoir répondu à l'une de vos questions exprime par là un soulagement (un peu comme si elle soufflait bruyamment). En effet, après s'être concentré pour mentir convenablement, le cerveau a tendance à relâcher la pression en clignant des yeux plusieurs fois...

Vous voyez donc que repérer un mensonge, ce n'est pas si facile et que cela requiert un certain sens de l'observation !

À RETENIR

De la difficulté de repérer un mensonge

L'être humain ment, malgré lui, plusieurs fois par jour, ne serait-ce que par courtoisie ou pudeur. Personne ne s'en offusque et il est rare de savoir, ou même de vouloir repérer le mensonge dans ces cas. Cependant, les personnes intuitives peuvent « sentir » qu'on leur ment, sans cependant mettre toujours le doigt sur ce qui leur a mis la puce à l'oreille.

Traquer les discordances

Un mensonge est finalement une discordance entre ce que l'on pense et ce que l'on dit. Et cette discordance, pour un observateur exercé, peut être visible. Ce sont les petites incohérences entre ce qui est dit et ce qui est fait qu'il faut repérer : les regards fuyants, ou les gestes dirigés vers le visage ou la nuque sont généralement de bons indices.

Des émotions un peu trop voyantes

Les émotions sont par essence incontrôlables (nous nous en apercevons assez au quotidien !). Tenter de les contrôler et de les contrefaire est donc compliqué : soit nous arrivons mal à les cacher et elles apparaissent alors fugacement sur notre visage, soit nous les exagérons pour « faire plus vrai » et elles paraissent alors fausses et trop appuyées.

Ajuster son col ou sa cravate

Le fait d'ajuster ou de tirer sur son col est une conséquence d'une tension trop forte, voire d'un coup de chaleur ressenti quand le menteur se demande si vous avez vu clair dans son jeu. Ce peut aussi être une façon d'éviter de se gratter la nuque, un autre geste indiquant clairement le mensonge.

S'asseoir de travers

Quand on n'est pas à l'aise, notre corps reflète automatiquement ce malaise à travers sa position. Ainsi, si votre interlocuteur s'assied bizarrement sur sa chaise (avec par exemple le dossier entre vous et lui), ou tout au bord d'un fauteuil très confortable, c'est qu'il a quelque chose à cacher !

Clignement d'yeux

Si votre interlocuteur ment, sachez que son corps et son cerveau sont soumis à une pression constante pour garder un visage « normal ». Une fois que vous reprenez la parole, cette tension a tendance à se relâcher, et c'est ce qui explique des clignements d'yeux très rapides, comme papillonnants.

Gestes et paroles incohérents

Le plus difficile, quand on ment, est de garder une cohérence entre ce qu'on dit, ce qu'on fait et ce qu'on ressent. Ainsi, il y a souvent un détail qui « cloche » : par exemple, on croise les bras alors qu'on sourit ou on multiplie les auto-contacts alors que notre posture paraît très détendue...

Les gestes des hommes politiques

« La capacité à bien parler en public est la compétence la plus importante que puisse avoir un leader en politique ou dans le monde des affaires. »

Aram Bakshian, Jr

Témoignage

« J'habite dans un petit village de 2000 habitants environ, dans le centre de la France, et cela m'amuse toujours de parler avec les gens d'ici pendant les campagnes électorales des municipales. Car malgré la modestie du village, les élections municipales ont le mérite de déchaîner les passions et les villageois eux-mêmes : la plupart sont assez engagés politiquement, et ils essaient de faire le maximum pour que leur village survive au mieux. Ça a d'ailleurs bien porté ses fruits, parce que l'on est l'un des seuls villages de la région qui voit le nombre de ses habitants augmenter. Bref, ce qui m'amuse, moi, parfois, ce sont les raisons que je trouve souvent fantaisistes qui font que les habitants vont voter pour l'un ou pour l'autre candidat. La dernière fois, je parlais avec la vieille dame qui tient le bureau de poste et le bureau de tabac du village dans le même bâtiment. Celle-ci me disait qu'elle allait voter pour tel candidat, parce qu'il “portait beau” *et* “qu'à son âge, il était encore frais comme un gardon, contrairement à l'autre figue molle” *et puis* “quand il parlait, on comprenait tout ce qu'il disait parce qu'il parlait assez fort pour que tout le monde l'entende !”... *En revanche, elle n'a pas dit un seul mot sur son programme, qu'elle ne connaissait sans doute pas, d'ailleurs. Finalement, je me dis que les élections, même quand il n'y a pas la télévision, ça se joue beaucoup sur la tête des candidats… »*

Christian, 52 ans

Un peu de théorie

Une apparence dynamique

Le succès d'un homme politique passe avant tout par le fait de paraître dynamique, car cela est associé, dans l'esprit des électeurs, à un dynamisme politique et intellectuel. Ainsi, depuis le début de l'ère télévisuelle, les hommes de pouvoir s'échinent à paraître en bonne santé, alors même que les campagnes électorales et l'exercice du pouvoir les plongent dans un rythme de travail stakhanoviste. L'apparence est primordiale, ils doivent montrer qu'ils sont en forme pour être capable d'assumer leurs responsabilités. Premièrement, les hommes politiques s'appliquent toujours à avoir une démarche véloce, qui traduit leur énergie apparemment inépuisable. Par exemple, Barack Obama monte toujours dans l'Air Force One en courant ! Sans parler de Nicolas Sarkozy, régulièrement filmé en train de faire son jogging matinal... Ensuite, la démarche des hommes politiques se doit d'être extrêmement masculine, dominante. De fait, elle se caractérise par un mouvement de balancier de leurs bras, qui doivent monter haut, plutôt en avant qu'en arrière, et par le fait que les bras se balancent en travers du corps quand ils viennent à l'avant, signe de virilité. Les femmes, au contraire, balancent souvent leurs bras plutôt sur le côté, avec un mouvement de poignet vers l'extérieur, comme si ces derniers suivaient la courbe de leurs hanches. À noter : les femmes politiques prennent souvent, arrivées au pouvoir, une démarche beaucoup plus masculine, car cela les ferait paraître plus compétentes...

Des gestes fermes...

Généralement, on estime qu'un homme politique doit savoir se maîtriser, et donc maîtriser sa gestuelle. Alors, dans les meetings et autres interviews télévisées, les hommes politiques sont en général briefés par des coachs pour éviter que leur communication non verbale ne vienne parasiter leurs discours, le moindre geste malheureux pouvant durablement entamer leur crédibilité. Heureusement, tous les gestes ne sont pas proscrits, ce qui donnerait, a contrario, une impression d'apathie, de rigidité excessive, ou de malaise ! Cependant, leurs gestes sont réfléchis, pesés, comme leurs mots. Par exemple, pour appuyer leurs idées ou montrer leur détermination, il est conseillé de faire des gestes beaucoup plus amples. Les gestes le plus souvent utilisés sont en général les gestes dits « projetés », vers le haut ou vers l'avant : ce sont aussi les plus agressifs. Ce mouvement d'agressivité peut aussi être accompagné par un ou deux poings, brandis vers le ciel pour galvaniser les foules ou appuyer un discours très militant. Elle peut aussi être montrée par des gestes « tranchants », les mains en couperet, qui sont aussi des gestes censés apporter de la structure et de la clarté au discours. En règle générale, si le discours est « musclé », l'homme politique montrera volontiers les articulations de ses mains (en montrant ses poings, par exemple) plutôt que l'intérieur de ses paumes. Car le dos de la main est masculin, alors que l'autre côté, la paume, est plus féminin.

Et des gestes apaisants

Bien évidemment, les hommes politiques ne peuvent pas non plus passer leur temps à avoir une gestuelle agressive, car cela leur enlèverait une bonne part de l'électorat. Ainsi, de temps en temps, ils font des bains de foules pour serrer des mains, embrasser des militant(e)s ou des enfants. Embrasser des enfants peut même devenir leur hobby préféré en campagne électorale, car cela leur confère une humanité, une sympathie particulière, un côté paternel très apprécié et rassurant. De plus, dans l'inconscient humain, brandir un enfant sert surtout de protection contre l'ennemi (cette pratique archaïque serait encore en cours dans certaines sociétés de primates). Quand les hommes politiques embrassent des enfants, cela signifierait donc aussi « ne m'attaquez pas ». L'autre façon d'apaiser les foules est de se présenter devant elle avec son conjoint (ou plutôt sa conjointe dans la majorité des cas). S'entourer de gens qui les aiment, de leur famille et amis, est ainsi une tactique bien éprouvée par tous les dirigeants : cela court-circuite en quelque sorte l'agressivité des gens, car nous sommes plus disposés, inconsciemment, à aimer quelqu'un de déjà populaire (ce qui stimule notre besoin d'appartenance)... D'où la propension à s'entourer d'une équipe paraissant soudée, plutôt que risquer de sembler isolé. D'ailleurs, quand le Président ou tout homme politique paraît seul, sur une photo ou une vidéo, c'est en général une question de décorum, pour se montrer en toute majesté...

À RETENIR

Montrer une force et une santé de fer

La première qualité que les hommes politiques doivent montrer à leurs électeurs potentiels, c'est leur force vitale. En effet, qui voterait pour quelqu'un qui a un air mou ou apathique ? Ainsi, ils doivent prouver qu'ils s'entretiennent et qu'ils sont dynamiques, notamment à travers une démarche volontaire, voire parfois exagérément masculine.

Montrer sa pugnacité

Aujourd'hui, les hommes politiques doivent aussi prouver qu'ils sont déterminés et qu'ils ne vont pas se faire marcher sur les pieds sur la scène nationale voire internationale. Ainsi, en meeting, devant leur public, ils adoptent volontiers une gestuelle dominante et agressive, principalement à travers des mouvements de bras amples et projetés.

Montrer son humanité

Mais attention ! ils ne doivent pas non plus passer pour des personnes insensibles qui ne seraient intéressées que par le pouvoir... Il est donc important qu'ils se présentent régulièrement avec leur conjoint (avec qui ils filent forcément le parfait amour), ou encore qu'ils se mettent à embrasser des bébés... de préférence devant les caméras !

Les doigts en cathédrale

Ce geste indique une attitude d'évaluation qui exprime une certaine fermeture, voire un désaccord, mais sur lequel la personne réfléchit encore. Il peut aussi être utilisé en cas de réflexion, ou quand on se sent pris à défaut. C'est une attitude assez « poseuse », courante chez les politiciens.

Lecture du discours

Les meilleurs orateurs sont toujours ceux qui ne lisent pas leur discours. Cela leur permet de porter leur voix bien plus loin, de ne pas couper le contact visuel avec leurs auditeurs, de suivre leurs réactions en direct et de s'y adapter, et enfin de mettre bien plus d'émotions dans leurs paroles.

Les doigts fédérateurs

Ce geste est typique des politiciens et des orateurs expérimentés : les doigts se rassemblent, pointés vers le haut. Ce geste est un geste emphatique, destiné à appuyer le discours, à le magnifier. Ces doigts rassemblés en faisceau dans un geste fédérateur expriment donc l'idée de rassemblement.

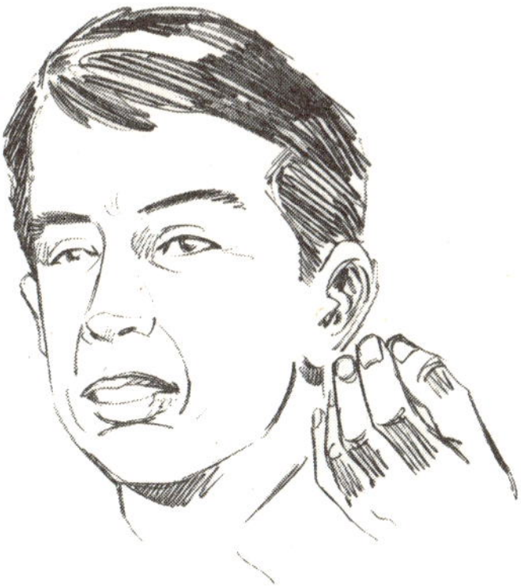

Se frotter le dessus d'une main

Ce geste, François Mitterrand le faisait souvent en interview quand, par exemple, un journaliste lui posait une question délicate, à laquelle il répugnait à répondre. C'est donc un signe de nervosité, mais cela peut être aussi de l'agressivité refoulée : on préfère se frotter la main plutôt que frapper !

La communication du corps est-elle si importante ?

Cette femme vous paraît peu expressive ? C'est faux ! En effet, la communication non verbale est l'ensemble des informations communiquées aux autres via notre corps, même si cela se résume à une non-communication, qui peut d'ailleurs signifier beaucoup ! Ce que nous disons avec notre corps est même parfois plus important que nos belles phrases ! La preuve ? Dites à votre enfant qu'il ne peut pas regarder de dessins animés et accompagnez vos paroles d'un clin d'œil... Que croira-t-il d'après vous ?

Décrypter le langage du corps peut-il induire en erreur ?

Il faut user de subtilité quand on s'essaie au décryptage du langage du corps : c'est-à-dire observer à la fois l'allure générale et les détails. Une personne peut par exemple sembler très sûre d'elle, mais il faut savoir aller au-delà de ces stéréotypes pour nuancer son jugement : si par exemple elle a tendance à porter son sac tout contre elle, c'est qu'elle n'est pas si à l'aise qu'elle le semble...

Notre façon de marcher : que traduit-elle ?

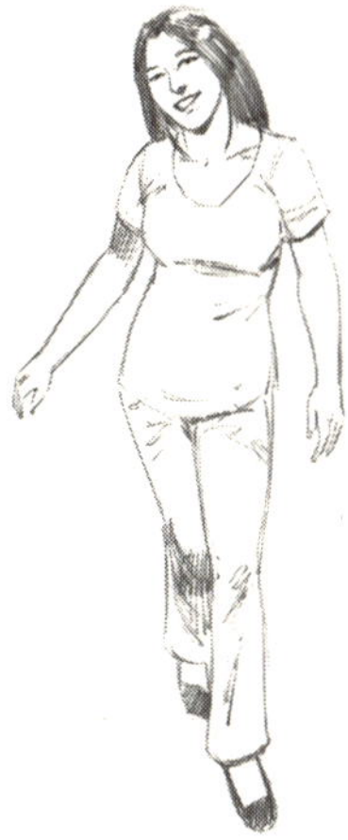

Notre façon de marcher est en effet une véritable signature personnelle : vous êtes par exemple certainement capable de reconnaître un de vos amis rien qu'à sa façon de marcher, et ce même s'il est de dos. Mais même si elle est unique, notre démarche en dit également long sur notre état émotionnel, ou encore notre état physique : tristesse et abattement vous feront vous courber, alors que joie et bonheur vous feront adopter un pas bien sautillant, un peu comme celui des enfants d'ailleurs !

Peut-on contrôler sa gestuelle ?

Le décodage du langage corporel des autres personnes commence très souvent par le décodage de ses propres tics gestuels. Cela permet (peut-être !) de mieux les contrôler, afin de faire meilleure impression par exemple, lors d'une présentation. Si vous savez que vous n'êtes pas à l'aise en public ou en entretien, il peut être utile de se filmer lors d'une simulation avec un ami, afin de repérer les autocontacts les plus fréquents, pour tenter de les limiter par la suite.

Pourquoi les hommes politiques lèvent-ils les bras ?

Il est normal que les hommes politiques engagent des « conseillers en image », car ils savent qu'elle est le vecteur n° 1 de leur popularité. Ainsi, un candidat apathique et mou (même avec un programme béton !) n'aurait aucune chance de l'emporter face à quelqu'un de dynamique et souriant. C'est la raison pour laquelle les hommes politiques lèvent souvent les bras en « V » : pour bien montrer qu'ils sont de la race des gagnants ! C'est la posture de domination par excellence, tout en extension...

Comment lire sur le visage des autres ?

La morphopsychologie étudie les liens possibles entre apparence physique et traits de caractère. Par exemple, pour un morphopsychologue, notre visage peut être divisé en trois parties. Le haut serait l'étage « intellectuel », le milieu l'étage « relationnel » et le bas l'étage « matériel ». Chaque partie est analysée selon certaines règles. Cependant, sachez qu'en morphopsychologie, un grand front est associé à une grande capacité d'abstraction, et un menton saillant à une grande combativité.

Comment nos jambes révèlent-elles notre intérêt réel ?

Imaginez : vous animez une réunion, mais vous sentez bien que vos interlocuteurs ne sont pas attentifs. Cependant, ils sont polis et semblent vous écouter. Regardez donc leurs jambes, qui en diront peut-être plus sur leur état d'esprit que leurs visages ! Si elles pointent toutes vers la porte, c'est qu'ils n'attendent qu'une seule chose, la pause repas ! Même chose si vous parlez à une personne debout : si un de ses pieds pointe vers la sortie, c'est qu'elle souhaite mettre fin à la discussion !

Pourquoi les femmes sont-elles plus intuitives ?

Tout le monde connaît cette fameuse « intuition féminine »... Mais pourquoi les femmes seraient-elles plus intuitives que les hommes ? Les femmes seraient en fait bien meilleures dans le décodage de la gestuelle, et plus encore les femmes ayant eu des enfants (étant donné que la communication avec un bébé se passe quasi intégralement au niveau du non-verbal). Elles seraient ainsi plus douées que les hommes pour décoder les émotions ou voir si on leur ment... Maris volages, vous êtes prévenus !

Pourquoi les enfants mentent-ils moins bien ?

En effet, les enfants sont moins doués pour mentir que les adultes. Pourquoi ? Premièrement, parce qu'ils ont des muscles faciaux bien plus mobiles que les adultes, ce qui rend chaque expression bien plus évidente. Et deuxièmement, parce qu'ils ont tendance à faire les gestes liés au mensonge (comme les auto-contacts au niveau de la bouche) de façon bien plus « grossière » : au lieu de se toucher le nez ou le coin des lèvres, un enfant aura tendance à mettre carrément la main sur la bouche...

Comment vos yeux révèlent-ils vos mensonges ?

Selon la programmation neurolinguistique, nos yeux se dirigeraient dans des directions différentes selon nos pensées. Par exemple, quand on imagine quelque chose, nos yeux seraient dirigés plutôt vers le haut et vers la droite. Si en revanche, on essaie de se souvenir d'une image déjà vue, les yeux se dirigeraient vers la gauche et vers le haut. Bien pratique si vous désirez voir si l'on vous ment. Si la personne regarde vers la droite, c'est qu'elle imagine la réponse qu'elle va vous donner !

Les démangeaisons : ont-elles une signification ?

Les démangeaisons arrivent toujours de façon inopinée et disparaissent de la même façon. C'est que les démangeaisons sont souvent le signe extérieur d'une angoisse, qui peut rester, ou bien disparaître dès lors qu'elle est apaisée. Le système nerveux utiliserait ce moyen pour évacuer un certain stress, évacuation qui aurait lieu lors du grattage. C'est la raison pour laquelle vous vous sentez bien plus détendu après que votre partenaire vous a gratté le dos à la fin d'une journée bien remplie !

Qu'est-ce que la posture « de l'enfant puni » ?

Vous sermonnez votre interlocuteur et cette personne commence à croiser ses doigts en haut du crâne ou sur la nuque ? Gare ! Elle va vous donner du fil à retordre. Cette posture, dite « de l'enfant puni », est souvent adoptée quand on se sent réprimandé pour une mauvaise raison. C'est une attitude d'opposition, qui, si elle est faite sans coercition (en d'autres termes, quand on n'est pas fait prisonnier), traduit non pas la soumission (comme on pourrait le croire), mais la rébellion…

Êtes-vous visuel, auditif ou kinesthésique ?

La PNL permet de « classer » les personnes suivant certains critères, notamment leur façon d'orienter leur regard. La façon dont on dirige nos yeux serait ainsi un bon indicateur de notre façon d'appréhender le monde qui nous entoure. Ainsi, demandez à un ami d'imaginer ses vacances idéales : s'il lève les yeux pour réfléchir, c'est certainement un visuel (V). S'il les dirige sur les côtés, c'est un auditif (A), et s'il les dirige vers le bas avant de vous répondre, c'est un kinesthésique (K).

Une personne à dominante visuelle, c'est quoi ?

Les visuels utilisent souvent des expressions comme « tu vois ce que je veux dire ? » ou « c'est clair ! » et ont un vocabulaire très imagé (on visualise très vite ce qu'ils nous disent, même s'ils ont tendance à parler très rapidement et de façon pas toujours cohérente). Ils sont attirés par les images, les couleurs, les contrastes... et aiment donc les loisirs tels que la photographie, le cinéma, ou les sports dans lesquels l'espace est primordial, comme les sports de balle ou de ballon.

Qu'est-ce qu'une personne à tendance auditive ?

Les auditifs se souviennent toute leur vie de certaines paroles ou chansons, comme si elles étaient gravées en eux. De fait, ils sont souvent mélomanes et ont du mal à supporter les environnements très bruyants. Ils parlent plutôt lentement, en faisant attention aux mots qu'ils choisissent, et passent pour être plus dans la réflexion que dans l'action. Ils ont souvent aussi la particularité de ne pas vous écouter directement quand vous leur parlez, se concentrant sur vos paroles exclusivement.

Qu'est-ce qu'une personne à tendance kinesthésique ?

Ces personnes vivent le monde à travers leurs sensations, leur affectivité et leurs émotions plus qu'à travers leurs pensées et leurs réflexions (ce qui ne veut pas dire qu'elles ne réfléchissent pas !). De fait, ce sont des personnes plutôt émotives, instinctives et chaleureuses. Elles aiment les sports de contact ou de glisse (judo, surf...) et les loisirs dégageant beaucoup d'émotions (théâtre...). Elles sont toujours très concrètes et ont horreur de ce qui leur paraît trop théorique ou éthéré.

Pourquoi les policiers patrouillent-ils les mains dans le dos ?

Cette attitude est en effet commune chez certains hommes tels que les policiers, les maîtres surveillant leurs classes, les militaires contrôlant leurs troupes ou encore les membres de l'aristocratie : ils avancent les mains dans le dos et la tête haute. Peu de femmes l'adoptent, car cela les forcerait à mettre leur poitrine en avant de manière peu naturelle. En fait, cette posture est typique chez les personnes en position de supériorité, qui ont confiance en elles et qui comptent le montrer !

Qu'expriment les sourcils ?

Les sourcils sont extrêmement importants dans la physionomie du visage car ils l'équilibrent de façon subtile. De fait, ils sont aussi très expressifs. Par exemple, quand nous reconnaissons un ami dans la rue, nos sourcils se lèvent automatiquement, en un signal amical qui rend inutile la moindre parole. En revanche, les mouvements asymétriques des sourcils n'annoncent jamais rien de bon : c'est souvent que l'on ne croit pas, qu'on doute, ou que l'on n'est pas d'accord avec ce qui nous est dit.

Le bas du corps est-il lui aussi expressif ?

En effet, il est plus facile de contrôler le haut de son corps que le bas. Cela est encore plus vrai assis, quand les jambes, ne supportant plus le poids du corps, sont libres de leurs mouvements. C'est d'ailleurs en partie pour cela que les candidats à la présidentielle ne veulent jamais être filmés de pied quand ils doivent débattre dans l'entre-deux-tours ! Pensez donc à regarder les jambes et les pieds de votre interlocuteur quand il est assis : vous en saurez certainement plus sur lui !

Le rire peut-il traduire un mal-être ?

Le rire peut aussi être un signe de soumission, tout comme le sourire (nous connaissons tous le sourire gêné de la personne qui ne veut pas marquer sa désapprobation face à une personne dominante...). Par exemple, certaines personnes très timides peuvent utiliser un petit rire nerveux, qui vient ponctuer chacune de leurs phrases quand elles sont stressées. Nul doute n'est permis : elles ont alors l'impression d'être un enfant face à un adulte omnipotent qui les intimide terriblement !

Le langage des émotions

Peur, tristesse, colère, joie… Nos émotions sont l'une des clefs de voûte de la communication non verbale. Découvrez les gestes et expressions qui les dénoncent !

Émotions et communication non verbale

« Les émotions ne sont ni positives ni négatives : elles sont seulement des éléments de notre énergie vitale. Elles ont chacune leur propre fonction. »

Élisabeth Couzon

Témoignage

« Mon père a toujours été peu émotif : il pouvait même paraître carrément insensible. En fait, c'était encore pire, il refusait complètement d'écouter ou de se laisser influencer par ses émotions. D'ailleurs, il disait souvent que seule la logique et la réflexion étaient des signes d'intelligence (et que seules les femmes et les femmelettes pouvaient se laisser aller... je sais, ce n'est pas glorieux !). Bref, c'était un esprit extrêmement cartésien. Il faut dire qu'il était chercheur en sciences physiques et qu'il évoluait dans un milieu très pragmatique, très scientifique.

Le problème, c'est qu'il faisait la même chose avec ses enfants, et refusait complètement de prêter attention à nos états d'âme : pour lui, c'est juste que nous n'arrivions pas bien à nous maîtriser. Du coup, il paraissait tout le temps distant, mécontent, ce qui n'a évidemment pas amélioré ses relations avec nous. En fait, il était désorienté dès que nous avions un comportement trop « hors norme » : on le voyait se fermer dès que l'un de nous pleurait ou criait ou avait une émotion. Il n'essayait pas de comprendre pourquoi, et nous consolait rarement en cas de gros chagrin. Je crois simplement qu'il ne savait pas quoi faire, parce qu'il avait tellement cadenassé ses sentiments qu'il ne savait plus les reconnaître et y faire face quand l'un de nous les montrait un peu trop librement... C'est dommage, car au final j'ai l'impression de ne jamais avoir eu de vraie relation avec lui... »

Christelle, 44 ans

Un peu de théorie

Qu'est-ce qu'une émotion ?

Avant de voir les différentes émotions qui existent et comment elles s'expriment chez l'être humain, il serait d'abord utile de définir ce qu'est une émotion, ce qui est une gageure, tellement ce terme d'émotion peut être perçu de façon différente selon les individus. Étymologiquement, « émotion » vient du latin « motio », qui signifie « mouvement ». Une émotion est donc avant tout un mouvement, un changement.

Une émotion est en fait une réaction soudaine de notre organisme face à un stimulus souvent externe. Cette réaction a trois composantes. Premièrement, une composante cognitive : l'émotion agit sur nos pensées, comme nos pensées peuvent d'ailleurs, *a contrario*, provoquer des émotions vraiment très fortes. Par exemple, quand on se remémore un événement joyeux ou douloureux, ce souvenir peut faire rejaillir de notre mémoire la même émotion, quasi intacte, qui était présente au moment des faits... Ensuite, une émotion a une composante physiologique : toutes les émotions que nous éprouvons se répercutent sur notre corps et déclenchent des phénomènes bien précis dans notre organisme. Et pour terminer, nos émotions ont une composante comportementale, dans la mesure où elles vont nous pousser à agir de telle ou telle manière en fonction des situations que nous vivons, pour satisfaire le besoin qu'elles expriment. On peut remarquer que les composantes comportementales et physiologiques des émotions sont reliées à notre langage et à notre communication non verbale.

La fonction des émotions

Une fois que l'on s'est interrogé sur la nature des émotions, on peut ensuite s'interroger sur leur utilité. À quoi peuvent bien servir les émotions ? Pendant longtemps en effet, ces dernières ont été en quelque sorte dénigrées par les penseurs et les philosophes : seule était valorisée la pensée, la réflexion, c'est-à-dire l'intelligence logique et analytique. De fait, pendant longtemps, les émotions ont eu très mauvaise presse : il ne fallait surtout pas les écouter. Elles ne servaient qu'à nous voiler la face en nous détournant des choses essentielles et à nous faire perdre du temps.

Mais réduire les émotions à la seule fonction de « perturbatrices » ne serait pas leur rendre justice. Car les émotions, au-delà de leur côté versatile et « irréfléchi », ont un langage qui leur est propre, et surtout une vraie fonction de communication : leur expression nous informe et informe autrui sur notre état interne et sur celui des autres. Savoir déchiffrer les émotions, c'est approfondir la connaissance que l'on a de soi et des autres ; les nier, c'est nier l'existence d'une grande partie de l'être humain. Cela équivaut souvent à refuser la communication et la compréhension. Et enfin, connaître et apprendre le langage des émotions, c'est aussi savoir répondre de façon adaptée aux besoins qui s'expriment à travers elles, et ainsi, peut-être, améliorer à la fois la relation à soi mais aussi nos relations interpersonnelles que ce soit dans notre vie privée, sociale ou professionnelle.

Un peu d'histoire...

L'expression des émotions est une notion étudiée depuis assez longtemps et qui passionne maintenant nombre de chercheurs.

Le précurseur de ces études était le fameux naturaliste anglais Charles Darwin, passé à la postérité grâce à sa célèbre théorie de l'évolution. Darwin fut de fait le premier à se demander si tous les hommes exprimaient leurs émotions de la même façon (ce qui prouverait en plus que cette expressivité serait non seulement universelle mais innée, et non pas culturelle). Il décida donc d'étudier le sujet en envoyant le même questionnaire à plusieurs correspondants répartis aux quatre coins du monde, pour déterminer si les émotions et leurs mimiques étaient bien universelles. Ainsi demandait-il à ses correspondants d'observer les autochtones qu'ils croisaient, et de lui dire si, par exemple, la surprise était bien manifestée chez eux par des yeux écarquillés, une bouche ouverte et des sourcils relevés. Les réponses confirmèrent ses hypothèses. Darwin en conclut que l'expression des émotions était bien universelle (et innée).

Par la suite, ses conclusions furent mises en doute, notamment parce que son protocole d'enquête n'était pas très rigoureux. Mais l'idée d'une universalité des émotions fit son chemin, et elle est toujours d'actualité maintenant. Les chercheurs ont depuis confirmé qu'il existait au moins quatre émotions de base, reconnues universellement : la peur, la colère, la joie et la tristesse (auxquelles certains ajoutent le dégoût et la surprise).

À RETENIR

Un bouleversement physique et psychologique

Les émotions ont évidemment une dimension et des conséquences psychologiques : elles influent sur notre humeur et peuvent modifier momentanément notre vision du monde (quand on est joyeux, ne voit-on pas tout en rose ?). Mais elles ont aussi et surtout une dimension physique forte : elles bouleversent notre aspect extérieur et modifient notre physiologie.

Des émotions très bavardes

Étudier le langage non verbal en faisant l'impasse sur les émotions ne peut être qu'une erreur, car ces dernières restent une des clefs de voûte de la communication non verbale... Les émotions ont en effet une fonction de communication très importante entre soi-même et les autres. Mais ce n'est pas tout : elles nous renseignent aussi sur nos propres besoins.

Les émotions, un langage universel ?

Cette fonction de communication est d'ailleurs primordiale, et a contribué à faire de nous tous des êtres sociaux très évolués. Les scientifiques ont en effet démontré que certaines émotions, les émotions dites « de base », étaient reconnues à travers le monde entier, grâce à la spécificité des mimiques et des postures utilisées pour les exprimer...

Surjouer les émotions

Quand on ment, nos émotions réelles sont en général contradictoires avec celles que l'on veut afficher. Résultat : les émotions que l'on montre paraissent artificielles, surjouées. Par exemple, un menteur aura tendance à « montrer » ses émotions un peu trop longtemps, ou de façon trop appuyée.

Transpiration

La transpiration est un phénomène incontrôlable, mais le plus pénible est quand on a tendance à transpirer des mains, ou plutôt des paumes, car c'est aussi désagréable pour soi que pour l'interlocuteur. Ce type de transpiration est stimulé par l'anxiété, et peut révéler un caractère très angoissé.

Garrotter ses cuisses

Si votre interlocuteur est assis, et qu'il garrotte ses aines avec ses mains (ou une seule aine avec une main), les jambes écartées, ne vous attendez pas à ce qu'il soit d'accord avec vous. On peut même prédire qu'il ne vous laissera pas beaucoup parler. Il est évident qu'il refusera le dialogue.

L'attitude détachée

Elle est caractérisée par une position assise plutôt penchée vers l'arrière, le coude en appui. La main droite vient sur le côté de la tête pour la soutenir, l'annulaire et/ou l'auriculaire se posent au coin des lèvres. C'est une posture d'évaluation : la personne ne s'implique pas émotionnellement.

La voix, un second visage ?

« C'est fou comme la voix peut dire d'une personne qu'on aime – de sa tristesse, de sa fatigue, de sa fragilité, de son intensité de vivre, de sa joie. »

Philippe Delerm

Témoignage

« Je suis musicien, je fais de la guitare et de la basse dans un groupe de rock. En fait, au départ, on avait un groupe presque au complet, mais il ne nous manquait que le chanteur, parce que si moi je sais composer la musique et les paroles, je suis vraiment nul pour chanter : ma voix a l'harmonie... disons d'une crécelle, et en plus je ne supporte pas de m'entendre dans un micro. Alors on a passé des castings pour trouver un chanteur ou une chanteuse qui correspondrait au style des chansons que nous faisions, qui étaient plutôt pop-rock. On a vu beaucoup de gens, mais il nous était en fait difficile de choisir, car chaque chanteur apportait quelque chose de différent aux chansons, en fonction de sa voix, de son interprétation, de ce qu'il comprenait des chansons et de ce qu'il voulait faire passer au public. Comme on n'arrivait pas à se décider, on a conclu qu'il fallait continuer à chercher, parce que tant qu'on ne se disait pas "c'est lui" ou "c'est elle" sans hésiter, c'est que ce n'était pas la bonne personne. Et finalement, on a fini par trouver la perle rare en la personne de Bonnie, une chanteuse de jazz qui voulait changer un peu de registre et faire du rock. On a eu comme un coup de foudre vocal pour cette fille : en l'entendant, on ressent beaucoup de choses ! On sent qu'elle a roulé sa bosse, elle a une voix chaude, sensuelle, un peu rocailleuse, c'est-à-dire exactement ce dont on avait besoin ! Elle donne une profondeur à nos chansons qu'on n'espérait pas... »

Yvan, 25 ans

Un peu de théorie

La voix, une empreinte vocale unique

La voix est, en effet, un attribut personnel et unique. De fait, elle transmet beaucoup d'informations sur chaque individu, souvent inconsciemment, car il est très difficile de la changer réellement ou de la contrôler totalement. La voix d'une personne transmet donc des messages sur son sexe, son âge, sa personnalité, son état émotionnel, ses intentions, ou encore son origine (notamment à travers l'accent)... En fait, on pourrait même dire que la voix a deux facettes : une facette qui ne change pas (ou peu, ou avec l'âge), et qui fait que l'on peut facilement la reconnaître parmi d'autres, et une facette qui change constamment, selon ce que l'on ressent, selon les personnes à qui l'on parle où les situations dans lesquelles on se trouve, sans oublier notre état physiologique (elle sera enrouée si l'on est malade), etc.

D'une manière générale, la voix peut être analysée à travers plusieurs éléments, qui vont lui donner sa tonalité si changeante et si personnelle. Ainsi, on peut analyser la rapidité de son débit, qui sera évalué selon le nombre de mots prononcés en une minute (la moyenne étant d'environ 140 mots par minute). On peut analyser son ton (agressif, plaintif...), son volume (haut ou bas), ou encore sa fréquence (grave ou aiguë). Mais notre voix peut jouer d'autres variations, en relation directe avec la signification des mots qui sont prononcés. Par exemple, une question ou une exclamation se distinguera d'une affirmation par le ton de voix ascendant en fin de phrase.

Voix et émotions

Notre voix va donc transmettre des éléments sur certains composants stables de notre personnalité. Par exemple, des personnes sûres d'elles, assertives et extraverties parleront d'une voix plus forte et assurée, avec un débit rapide (sans trop de pauses) et des modulations plus amples. Leur aisance et leur confiance en eux sont facilement repérables. Au contraire, des personnes effacées et introverties auront une voix plus plate, moins marquée, et avec un volume bien moindre.

Ensuite, notre voix va transmettre aux autres des éléments sur notre état émotionnel : la voix peut même révéler plus d'émotions que le visage, dans la mesure où l'on apprend mieux à contrôler les mimiques de son faciès que les intonations de sa voix. D'ailleurs, il vous est sûrement déjà arrivé de capter, rien qu'en entendant sa voix, que votre interlocuteur était triste ou contrarié même s'il affirmait le contraire. Ainsi, si l'on reprend les quatre émotions de base, elles sont toutes associées à un profil vocal spécifique. La peur s'exprime par une augmentation du volume, du ton, et par un rythme très irrégulier, calqué sur une respiration plus hachée. La tristesse, elle, s'exprime par un ton plutôt bas, des pauses longues entre les mots et un rythme beaucoup plus lent. L'affection se caractérise, elle, par un rythme régulier, une tonalité grave et un volume plutôt bas. Et l'agressivité, enfin, ressemblera beaucoup à la peur, avec un volume sonore élevé, un débit rapide et un rythme haché et irrégulier...

Voix féminines et masculines

Mais les émotions ne sont pas les seules informations qui sont transmises par notre voix. On peut également deviner quel est le sexe d'une personne grâce à elle. Ainsi, en règle générale, on arrive facilement à différencier un homme d'une femme, rien qu'en entendant sa voix : les hommes ont, sans surprise, une voix plus grave que celle des femmes. Il y a évidemment des raisons anatomiques à cela (selon la tension et l'épaisseur des cordes vocales), mais ce ne seraient pas les seules raisons qui expliqueraient les différences entre les voix féminines et masculines. Les femmes, notamment auraient un panel de variations vocales plus large que les hommes (en d'autres termes, leurs voix seraient plus expressives, plus riches), mais surtout, elles souriraient plus, ce qui aurait pour effet immédiat de rendre leur voix plus aiguë. Et oui, le sourire s'entend, ce que savent la plupart des personnes qui doivent travailler régulièrement au téléphone...

À propos des voix féminines, plusieurs études montrent, d'ailleurs, que les hommes supporteraient moins bien les voix aiguës que les voix graves : ils seraient moins attentifs et plus vite fatigués par un discours prononcé d'une voix aiguë... Mesdames, si vous devez vous adresser à un groupe d'hommes, adoptez un ton plus monocorde que d'habitude, évitez surtout les sons stridents (associés à l'hystérie féminine pas forcément appréciée !) et essayez de rendre votre voix plus grave, car vous serez sans doute mieux écoutées par ces messieurs...

À RETENIR

Une voix unique pour chacun

La voix est comme une signature, propre à chacun de nous, bien qu'elle soit en même temps extrêmement fluctuante (à travers son débit, sa fréquence, sa tonalité…). Elle peut ainsi changer suivant la personne à qui on s'adresse, suivant les émotions que l'on ressent et l'environnement dans lequel on se trouve ou encore suivant notre état physiologique…

Un révélateur d'émotions

La voix révèle donc des informations sur notre personnalité, mais aussi sur notre état émotionnel : il est en effet très difficile de déguiser sa voix pour cacher ses émotions, chacune d'elles provoquant automatiquement des variations spécifiques de ton, de débit, de rythme ou encore de volume, aisément reconnaissables par notre interlocuteur.

Les différences sexuelles

Les femmes ont une voix plus aiguë que les hommes. Mais cela ne serait pas seulement dû à des différences anatomiques. Des études tendent à prouver que les femmes auraient ainsi une plus grande tendance à sourire, ce qui rendrait leur voix plus aiguë. Elles feraient aussi passer plus d'émotions à travers leurs voix, ce qui les rendrait moins monocordes.

Réguler son débit

Un orateur compétent parle lentement et fait des pauses. Par exemple, Barack Obama, dans ses discours, dit environ 117 mots par minute, alors que la moyenne est de 140. Cela lui confère une certaine aura : posée, détendue et respectable. Pensez donc à ralentir le débit, surtout en cas de stress !

Les narcissiques

Vous ne risquez pas de les rater, ceux-là ! Tenues voyantes, mouvements amples, voix qui porte, rires tonitruants : les narcissiques prennent beaucoup d'espace autour d'eux. Une astuce simplissime pour les repérer : ils n'arrêtent pas de jouer, caresser ou ramener leurs cheveux vers l'arrière.

Les timides

Les personnes timides ont un langage du corps qui leur permet de ne pas être trop « voyants ». Ainsi, elles auront tendance à regarder par terre, et à ne pas vraiment soutenir un regard trop intense. Leur démarche sera peu bruyante, faite de petits pas serrés, avec peu de balancement des bras.

Index pointé

Les index sont des doigts très importants, car ils servent à montrer, mais aussi à refuser, à accuser… Ils sont précis et habiles. Les personnes utilisant beaucoup ce type de gestuelle sont en général autoritaires ; elles aiment diriger les autres, avoir le dernier mot… et surtout avoir raison !

Trac et anxiété

« Ça se vit, l'anxiété. Ça vous rentre de partout, ça vous pénètre, et plus on se démène, plus ça fait mal. »

Jean-François Somcynsky

Témoignage

« Je me rappelle très bien ma prestation pitoyable lors de mon dernier examen oral à la fac. J'étais devant un jury de quatre personnes. Ces dernières devaient m'interroger sur mon mémoire, qui portait sur « L'Émergence et l'essor de la bourgeoisie dans le théâtre espagnol du XVIIe siècle »... Tout un programme! Je ne me sentais vraiment pas sûr de moi, car déjà le sujet était assez périlleux et en plus j'ai toujours été nul pour tout ce qui est présentation orale. Bref. En attendant mon tour, je me rappelle avoir traversé l'enfer: je transpirais tellement que des auréoles commençaient à tacher ma chemise (pas très classe donc...), mes mains étaient moites, une boule dans le ventre me faisait me plier en deux, et comble du comble, j'avais limite envie de vomir. Quand ce fut à mon tour de passer, je crois que j'ai eu un problème, parce que mes jambes me disaient de partir alors que mon cerveau leur ordonnait de rester! Je n'arrêtais pas d'avancer, de reculer, on aurait dit que je faisais un fox-trot. Et puis sans parler de mes mains, qui n'ont pas cessé de me désobéir! Je me suis par exemple aperçu en pleine présentation que je n'arrêtais pas de faire « cliquer » mon stylo-bille, ce qui devait être assez énervant pour le jury... J'ai dû le poser pour ne pas continuer... Bref, une horreur. Bon, toujours est-il que les profs ont été très sympas et ne m'ont pas tenu rigueur de mon manque d'assurance: j'ai eu la meilleure note de ma vie, tous examens confondus! »

Patrice, 28 ans

Un peu de théorie

Des gestes pour se rassurer

L'anxiété est un sentiment dérivé de la peur. Elle est liée à la rumination de pensées négatives dont on a du mal à se dépêtrer, lesquelles vont provoquer à leur tour des manifestations physiques. Cela peut arriver quand on anticipe sur un événement désagréable qui pourrait se produire, ou quand on est forcé, par exemple, d'avoir des interactions sociales où l'on va être jugé (comme un examen, qu'on préférerait souvent ne pas avoir à passer !).

Ainsi, nous pouvons, de façon paradoxale, montrer notre anxiété en effectuant en priorité des gestes pourtant destinés à nous rassurer, ce que l'on appelle des autocontacts. Ce sont eux qui révéleront notre état. Les autocontacts seraient, selon les psychologues, des gestes régressifs, c'est-à-dire des restes de notre petite enfance, à l'époque bénie où notre maman nous prenait dans ses bras pour nous rassurer quand nous avions peur. Les gestes d'autocontact seraient donc une façon détournée de nous « bercer ». De ce fait, ce sont tous les gestes que l'on fait pour se toucher soi-même. Ils peuvent être en direction de la tête (se caresser les cheveux par exemple), mais ils peuvent aussi concerner le reste du corps, comme le fait de tenir ses jambes serrées (ce qui augmente leur surface de contact), de se tordre les mains, ou encore de rajuster cent fois son pull sur son pantalon... D'autres autocontacts seront plus détournés, mais vont jouer le même rôle, comme, jouer désespérément avec son stylo pendant un examen oral.

Transpiration et autres réactions gênantes

Cependant, si une partie de notre corps essaie en effet de se rassurer en multipliant les autocontacts, l'autre partie ne va pas toujours dans le même sens et peut nous trahir d'une tout autre façon… La transpiration, celle qu'on redoute tous, demeurant en général la pire des choses qui puisse nous arriver, étant donné qu'elle reste quasiment impossible à maîtriser et qu'elle est très visible, malgré les progrès de la cosmétique.

À l'origine, la transpiration est une façon de réguler la température de notre corps : nous produisons de la sueur pour nous rafraîchir quand nous avons trop chaud. Et quand nous sommes très stressés, le cœur s'emballe, nous donnant une impression de grande chaleur… ce qui provoque notre transpiration. Le problème, c'est que cela donne souvent lieu à un cercle vicieux : nous sommes stressés donc nous transpirons, ce qui nous stresse encore plus, etc.

D'autres réactions peuvent avoir lieu, comme le fait d'avoir du mal à respirer ou d'avoir le souffle court. Cela vient très souvent d'une certaine crispation musculaire, qui ne facilite pas une respiration détendue. Et puis, quand nous sommes angoissés, nous avons tendance à respirer avec la cage thoracique, alors que nous aurions plutôt intérêt à pratiquer la respiration abdominale, qui est beaucoup plus relaxante et profonde (lorsque nous dormons par exemple, nous respirons plutôt avec le ventre…). Alors pensez-y quand vous êtes stressé : gonflez le ventre plutôt que les poumons !

L'angoisse serait-elle dans le ventre ?

C'est la question que l'on peut se poser, car nos angoisses se concrétisent souvent par des réactions corporelles liées à... notre appareil digestif ! En effet, par « ventre », nous entendons ici tout le système digestif, qui va de notre bouche à notre anus. Ainsi, quand nous éprouvons de l'angoisse, tout notre système digestif peut être mis sens dessus dessous par l'anxiété, et ce, de haut en bas !

Tout d'abord, commençons par le haut du corps : l'angoisse au niveau de la bouche peut se manifester de plusieurs façons. Certaines personnes vont se mordiller les lèvres (signe qu'elles veulent retenir leurs paroles ?) ou auront la bouche sèche. D'autres vont se ronger les ongles ou tout autre objet passant à leur portée (stylo, chewing-gum, ou encore touillette à café... comme Laurent Blanc !). La cigarette aussi est révélatrice d'une certaine forme d'anxiété. On a tendance à plus fumer quand on est stressé.

Ensuite, si on passe au niveau de la gorge, certains peuvent avoir un besoin pressant de déglutir, même si c'est inutile, n'ayant plus de salive (la bouche sèche !). D'autres peuvent également multiplier les quintes de toux (l'anxiété provoque souvent des picotements dans la gorge...).

Et pour terminer, au niveau de l'abdomen, on parle souvent de la « boule » dans le ventre, cette sensation d'avoir l'estomac noué, et de ne plus pouvoir avaler quoi que ce soit. Et enfin, si on va encore plus bas... l'angoisse peut provoquer des diarrhées, ou, au contraire, des vomissements...

À RETENIR

Les autocontacts

Les autocontacts sont des gestes destinés à nous rassurer, car ils nous assurent un contact maximal avec nous-mêmes. Ils seraient destinés à remplacer symboliquement notre mère, qui avait l'habitude de nous toucher pour nous réconforter. Ils sont principalement dirigés vers notre visage, mais peuvent aussi concerner d'autres parties du corps.

Des effets incontrôlables

La transpiration (qui est à l'origine un système de thermorégulation), si elle est forte, peut trahir notre anxiété. Mais le problème avec la transpiration, c'est qu'elle provoque souvent encore plus d'angoisses, quand on s'aperçoit que l'on transpire, ce qui nous amène à suer encore plus… Sans oublier les bouffées de chaleur, les difficultés à respirer…

Une mauvaise digestion

L'angoisse, bizarrement, se répercute souvent sur notre appareil digestif, qui, rappelons-le, va de notre bouche à notre anus. Ainsi, notre anxiété peut se concrétiser de différentes manières. Cela peut aller d'un simple effet « bouche sèche » à des vomissements ou à des diarrhées aiguës, en passant par des ongles rongés ou des stylos mâchouillés…

Cacher ses mains

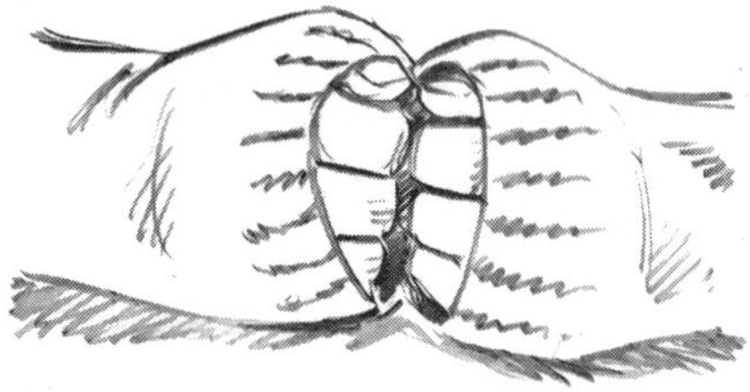

Quand on s'exprime librement, nos mains parlent aussi librement : elles sont un peu comme les sous-titres de nos paroles. En revanche, quand on ment, on tente de garder le contrôle de sa parole et de ses gestes. Et il vaut mieux alors cacher ses mains, qui pourraient trahir notre nervosité…

Battre la mesure

Quand on ment, notre cerveau contrôle assez bien les muscles du visage et ceux du haut du corps, car ils sont en général visibles de l'interlocuteur. En revanche, toute la tension accumulée dans le corps se retrouve dans les jambes et les pieds, qui l'évacuent en battant la mesure frénétiquement…

Se gratter le visage

Se gratter le visage (nez, œil, oreille) est un signe de tension. En effet, les démangeaisons, concernant le langage corporel, ne sont pas vues comme anodines. Elles seraient plutôt le signe d'une tension psychologique qui, intériorisée, se manifesterait par une envie intempestive de se gratter.

Les pieds en pointes

Votre corps peut ressentir avant votre cerveau que votre interlocuteur ment. Il peut donc être utile d'observer vos propres réactions. Par exemple, si vos pieds se mettent à faire des pointes sous votre chaise, cela dénote un malaise inconscient, comme si vous deviez marcher sur des œufs…

Le langage corporel de la peur

« La peur naît à la vie plus vite que toute autre chose. »

Léonard de Vinci

Témoignage

« La plus grande peur de ma vie, je l'ai eue en voiture, comme la plupart des gens je suppose ! J'étais avec une amie et nous roulions vers la plage, un beau et long week-end de juin. Il n'y avait pas grand monde et nous faisions les idiotes dans la voiture, comme des gosses. À vrai dire, je ne sais plus trop à quelle vitesse nous roulions, mais je devais aller assez vite : personne sur la route, du beau temps... je n'ai pas fait attention.

Et puis à un moment donné, une voiture a surgi d'un petit chemin sur la droite, à une intersection que je n'avais pas remarquée. Elle aurait dû me laisser passer puisque j'étais sur un axe prioritaire, et c'est certainement la raison pour laquelle je n'y ai pas prêté attention. Bref, quand je l'ai enfin vue, elle était déjà très proche, trop proche en fait, et j'ai senti mon cœur faire un bond dans ma poitrine. En un réflexe, j'ai tourné le volant vers la gauche pour l'éviter, et je me rappelle très bien avoir fermé les yeux, peut-être pour ne pas voir ce qui allait se passer. Ma voiture a dérapé et nous avons fait un tonneau, avant que le cul de la voiture ne termine dans un fossé peu profond. Quand j'ai ouvert les yeux, j'ai d'abord vérifié que nous n'avions rien, et à part quelques contusions, c'était un miracle, nous étions indemnes. J'ai alors éclaté en sanglots en tremblant de tous mes membres, à la pensée que nous aurions pu mourir. Je crois que c'est à ce moment-là que j'ai réalisé que j'avais eu vraiment, vraiment peur... »

Alicia, 28 ans

Un peu de théorie

La peur réflexe

La peur est la plus fondamentale de toutes les émotions parce qu'elle est directement liée à notre instinct animal de survie. Mais toutes les peurs ne sont pas les mêmes. Effectivement, on peut distinguer deux types de peur : la peur réflexe et la peur « apprise ». La peur réflexe, c'est celle que l'on ressent par exemple lors d'un accident de voiture : c'est celle qui nous fait réagir instantanément face à un danger, sans réfléchir, sans même que nous ayons vraiment conscience d'avoir agi. Souvent, les victimes le disent elles-mêmes : on ne réalise vraiment qu'on a eu peur que lorsque le danger est écarté, c'est-à-dire une fois qu'on a pu véritablement « penser » à ce qu'on a vécu. Cette peur-là est la plus primitive, la plus « reptilienne » aussi, dans la mesure où la réaction (par exemple, le fait de tourner le volant pour éviter un accident) est purement automatique et instinctive : elle ne fait intervenir aucune sorte de raisonnement. Cette peur-là est, la grande majorité du temps, liée à une menace sur notre intégrité physique ou à quelque chose d'inconnu et d'inattendu, auquel on ne s'attendait pas. C'est celle qui vous fait sursauter quand une porte claque ou quand quelqu'un vous surprend en posant une main sur votre épaule. Ces réflexes automatiques ont un avantage évident : dans certains cas, il serait trop long, voire dangereux de prendre le temps de réfléchir à la meilleure chose à faire ! Cette peur-là a donc un grand impact sur notre comportement non verbal.

Les gestes de la peur

Nous allons donc surtout parler de la gestuelle liée à la peur réflexe. Cette peur est, on l'a vu, liée à notre cerveau reptilien (le cerveau de survie), qui n'est pas un cerveau axé sur la réflexion, bien au contraire. En fait, le cerveau reptilien est plutôt « bête », car il ne peut intégrer de comportement nouveau. Quand il a peur, le cerveau reptilien ne peut agir que de trois façons différentes : soit il commande de fuir, soit il commande d'attaquer, soit il préfère que l'on « fasse le mort », c'est-à-dire qu'on ne bouge pas. Dans tous les cas, il va nous pousser à mettre notre corps en état de forte vigilance pour que l'on puisse réagir au quart de tour : nos cinq sens vont s'aiguiser (nos yeux par exemple vont s'agrandir), notre cœur et notre respiration vont s'accélérer et notre sang va déserter le haut du corps pour affluer vers les jambes, pour pouvoir courir, si besoin (c'est donc la raison pour laquelle notre visage pâlit quand nous sommes effrayés). En revanche, si le danger devient vraiment imminent (comme dans un accident de voiture), le corps va tenter de se protéger : les yeux se ferment, les bras se mettent en position de protection devant les endroits vitaux, les genoux peuvent remonter devant le ventre et le corps se gaine et se contracte pour accueillir les chocs dans les meilleures conditions (même les testicules de ces messieurs remontent pour se mettre à l'abri !). Comme quoi, finalement, le cerveau reptilien n'est pas si idiot que ça !

La peur apprise

La peur « apprise » s'apparenterait plus à une sorte d'anxiété ou à de l'angoisse. C'est celle qui nous fait dire, par exemple : *« J'ai peur de voir le patron pour lui demander une augmentation. »* Elle s'appuie beaucoup sur la personnalité, sur des blocages psychologiques et sur la façon dont chacun voit le monde, plus que sur l'instinct de survie à proprement parler (même si elle peut aussi y être liée, comme la peur de la mort). Les peurs apprises sont, de fait, propres à chacun. Les angoisses, ou encore les phobies, sont souvent consécutives à un traumatisme, conscient ou inconscient, qui a marqué la personne très profondément, et qui resurgissent, par exemple, à certains moments qui peuvent rappeler le traumatisme subi. C'est en cela qu'elles sont « apprises ».

Peurs et angoisses sont donc deux choses différentes en théorie (même si dans les faits, elles peuvent être confondues...). Effectivement, la peur est une réaction plutôt brève, consécutive à un événement précis, et donnant lieu à une communication non verbale qui correspond à cette émotion, qui est plutôt stéréotypée et primitive. L'angoisse, elle, se focalise le plus souvent sur des événements à venir ou attendus (donc « irréels » à l'instant où on la ressent). Elle s'assimile à l'appréhension. Elle peut durer longtemps, par exemple toute une vie, et n'avoir pourtant aucun fondement réel. Enfin, elle peut donner lieu à des comportements et des réactions très diverses (se ronger les ongles...) et non stéréotypées.

À RETENIR

Une peur reptilienne

La peur que l'on peut ressentir en situation de danger est exactement la même que celle que les autres espèces animales ressentent : c'est celle qui nous fait agir pour survivre de façon instantanée. Elle est liée à notre cerveau reptilien, le plus primitif, et agit directement sur notre comportement, sans que notre cerveau passe par la case « réflexion ».

Fuir, combattre ou… ne pas bouger

Ainsi, la peur réflexe nous pousse à adopter des comportements stéréotypés, qui varient selon les situations. Mais dans tous les cas, cette émotion nous prépare à agir dans l'urgence, en augmentant notre niveau de vigilance d'une part, et d'autre part en faisant en sorte que notre corps se protège le plus possible en cas de menace physique.

Angoisses et anxiété

L'autre type de peur que l'être humain peut ressentir est un sentiment plus diffus, s'apparentant plus à de l'angoisse, à de l'anxiété, ou même aux phobies. Toutes ces « peurs » provoqueraient des réactions plus psychologiques que réellement physiques. Enfin, les angoisses sont propres à chacun, puisqu'elles sont souvent liées à des traumatismes personnels.

Le visage de la peur

Quand on a peur, on a l'impression que nos sens deviennent plus aiguisés, et c'est en effet le cas ! Du coup, nos organes récepteurs ont tendance à s'agrandir : nos sourcils se relèvent sur nos yeux exorbités (mais ils peuvent aussi se fermer si le danger est vraiment proche) et la bouche s'ouvre.

Postures et gestes liés à la peur

La fonction de la peur est de nous donner envie de nous protéger. Sous le coup de cette émotion, nos muscles vont donc se contracter, notamment dans les jambes (pour fuir plus vite). Nous rentrons également le cou, reculons, pendant que nos bras protègent nos parties vitales (ventre, poitrine).

Les gestes antistress

Les auto-contacts, gestes « antistress », permettent de se protéger du regard des autres (on se cache derrière une main en se grattant le nez) ou de se rassurer, en imitant inconsciemment les gestes d'une mère (caresser ses cheveux, croiser les bras comme si quelqu'un nous prenait dans les siens…).

Les pieds en repli

Les pieds en repli sous la chaise sont une posture exprimant l'angoisse ou le stress. Et ces deux sentiments sont dérivés de la peur dont la principale fonction est de nous donner envie de fuir le danger. Quand vous avez cette posture, vous montrez donc votre envie de fuir en faisant demi-tour !

Le langage corporel de la colère

« L'important n'est pas la manière dont l'injure est faite, mais celle dont elle est supportée. »

Sénèque

Témoignage

« Je ne suis pas quelqu'un de très colérique. À vrai dire, en règle générale, mes amis m'admirent plutôt pour mon sang-froid et ma capacité à prendre du recul afin de ne pas devenir agressive. La seule fois où je me suis vraiment énervée, c'était contre un type, Grégory, avec qui je vivais à l'époque en colocation. Nous étions quatre dans une grande maison, et nous partagions ainsi les frais de location, d'énergie, de nourriture, etc. À vrai dire, dès le début, ça ne s'était pas bien passé avec Grégory : il était très spécial, hautain, peu sociable, et toujours à discourir sur "les gens qui font n'importe quoi, qui profitent du système, etc.". *Je le trouvais gonflé, parce que lui-même profitait du système. Il était au chômage depuis plus d'un an, mais faisait du "black" à côté : du coup, il gagnait plus que moi, qui travaillais dans un magasin de fringues. Un jour, il a dépassé les bornes en critiquant de façon injustifiée mon frère, qui était au chômage depuis quelque mois, en le traitant de fainéant. J'ai commencé à serrer les poings, je me suis levée, tendue comme un arc, je me suis approchée de lui, et je crois bien que je l'aurais frappé si je ne m'étais pas retenue à temps. Je lui ai finalement crié de dégager le plancher. D'ailleurs, en y repensant encore maintenant, je sens mon cœur qui s'emballe et j'ai encore mes poings qui se serrent ! Heureusement, il est parti peu après de la colocation… À croire que je lui ai vraiment fait peur, à cet emmerdeur ! »*

Alexia, 35 ans

Un peu de théorie

Les gestes de la colère

La colère a deux fonctions distinctes mais simultanées : dans un premier temps, elle permet de préparer son corps en cas d'attaque imminente, et sert également à avertir l'autre de l'immédiateté de cette attaque, c'est-à-dire qu'elle l'intimide pour justement le dissuader et éviter le conflit. Ainsi, quand on est en colère, notre organisme entier se mobilise pour « effrayer » l'autre. Notre volume sonore augmente, notre visage devient menaçant : on a les lèvres serrées, les sourcils et la mâchoire contractés, et une rougeur caractéristique peut même empourprer le visage et le cou. Cette rougeur vient notamment du fait que nos vaisseaux périphériques se dilatent pour faire passer plus de sang : d'où cette impression de chaleur qui se répand en nous.

Au niveau du corps, le même phénomène se produit : nous devenons tendus, crispés, comme si nous n'attendions qu'un seul signal pour frapper. Et effectivement, des études ont montré que le cœur se mettait à battre plus vite pour mieux irriguer les membres, afin de mieux attaquer. Les poings et les bras, notamment, bénéficient à ce moment-là d'une augmentation de leur tonus musculaire (d'où les poings serrés). Pour intimider l'autre, nous pouvons même aller jusqu'à nous imposer tout près de lui, sur son territoire, son espace intime. D'ailleurs, c'est souvent à ce point de la confrontation que le débat peut s'envenimer, car l'autre, se sentant aussi attaqué sur son intégrité, peut alors se mettre en colère à son tour…

Des colères différentes ?

La colère fait bien partie des émotions de base, tout comme la peur ou la joie. Cependant, il faut préciser une chose : si la colère en elle-même est une émotion éprouvée de façon universelle (on se met en colère partout dans le monde), la façon dont elle se manifeste peut varier énormément d'une personne à l'autre. Est-ce culturel ? Individuel ? Nous n'avons pas la réponse absolue et définitive à cette question, mais on peut cependant apporter quelques éléments de réponse…

Par exemple, il est communément admis que les femmes sont moins agressives que les hommes (ou d'une agressivité plus détournée, plus passive, plus intérieure). Cela viendrait d'une part de la génétique (les femmes produisent moins de testostérone que les hommes, une hormone qui augmente l'agressivité), et d'autre part de notre culture. En effet, alors que les rapports de force entre hommes sont plutôt valorisés (notamment à travers le culte de la compétition), ces mêmes démonstrations de force sont plutôt découragées chez les filles. Ainsi, la colère et ses comportements violents ne correspondraient pas à l'image de la femme classique, qui se doit d'être douce et séductrice…

Si l'on analyse la colère d'un point de vue culturel, là encore, cette émotion peut être inhibée ou valorisée selon les cultures. En Asie, par exemple, se mettre en colère est très mal vu. Le conflit est considéré comme socialement inacceptable, parce que ces sociétés valorisent la communauté « aux dépens » de l'individu.

Quand on ne peut pas se mettre en colère...

Mais la colère n'est pas seulement une question de culture, de génétique ou de sexe : c'est aussi une question d'adversaire ! Effectivement, des études prouvent que nous avons tendance à inhiber notre colère face à quelqu'un de beaucoup plus fort que nous. L'évaluation de l'autre se fait instantanément, et notre corps choisit – ou pas – de donner une suite immédiate à notre émotion. Ainsi, nous « choisissons » nos adversaires, de manière à lutter à armes au moins à peu près égales, même si cela dépend aussi de la situation et de la personnalité de chacun.

Ainsi, face à quelqu'un de plus costaud qui serait susceptible de crier plus fort que nous (ou que la décence nous empêche de frapper, comme une personne âgée ou un enfant) nous allons parfois mettre en place d'autres mécanismes de défense... Le plus fréquent de ces mécanismes utilisés est le « déplacement » : nous allons déplacer la colère vers un autre objet que celui qui l'a provoquée : par exemple, nous allons nous venger sur notre conjoint, ou sur la poubelle des toilettes... qui tous deux, n'avaient rien demandé et étaient parfaitement innocents ! D'autres personnes, plus mûres émotionnellement, vont, elles, faire du sport, ce qui leur permettra de décharger toute l'énergie qu'elles ont emmagasinée, de façon ritualisée et encadrée (la boxe est par exemple un sport où l'agressivité est ritualisée). D'autres, enfin, vont retourner cette colère contre eux-mêmes, en compensant par la nourriture ou les maladies psychosomatiques...

À RETENIR

La colère : l'émotion du combat

La colère a deux objectifs distincts mais complémentaires. Ainsi, notre corps se mobilise pour intimider l'autre et se préparer au combat si les manœuvres d'intimidation échouent. Le cœur bat plus vite, notamment pour bien irriguer les bras et les poings, et notre gestuelle devient dominante pour faire céder ou faire fuir notre adversaire.

Des manifestations différentes selon la culture

En effet, la colère est ressentie de la même façon partout évidemment, mais ne se concrétise pas de la même manière pour tout le monde : chez les femmes notamment, ses manifestations physiques sont beaucoup plus inhibées. Dans certaines cultures également, la colère fait tache dans le groupe et est donc réprimée, pour le « bien » de tous.

La colère déplacée

Il existe des cas où « on ne se sent pas » de se mettre en colère, par exemple parce que la personne en face est beaucoup plus forte ou plus faible que nous (notre instinct de survie ou notre correction nous stoppent). Dans ces cas-là, nous allons souvent déplacer cette colère vers d'autres sujets, qui peuvent être un collègue, le conjoint, voire nous-mêmes…

Le visage de la colère

La fonction de la colère est de nous préparer au combat. C'est pourquoi nos vaisseaux se dilatent pour augmenter le débit sanguin : d'où cette rougeur caractéristique. De plus, nos muscles faciaux se contractent (mâchoires, yeux, sourcils...) pour accueillir le mieux possible un coup éventuel.

Postures et gestes liés à la colère

Comme la fonction de la colère est de nous préparer à nous défendre ou à attaquer, les gestes qui y sont liés sont principalement liés au combat. Ainsi, nos poings se ferment et le sang afflue vers nos bras. Même notre torse a tendance à se bomber, pour paraître plus impressionnant et dangereux.

Rougissement

Le fait de rougir est une manifestation émotionnelle incontrôlable, et nous ne sommes pas égaux concernant ce phénomène : certaines personnes rougissent toujours plus, et plus vite que d'autres. Ce peut être un signe de plaisir et même d'excitation sexuelle, mais aussi de honte ou de colère.

Écraser sa cigarette

Certains petits gestes renseignent rapidement sur le degré de nervosité ou d'énervement du fumeur. Ainsi, si votre interlocuteur recrache la fumée par le nez ou écrase avec insistance et plus longtemps que nécessaire son mégot, attendez-vous à ce que la suite de la discussion soit assez tendue...

Le langage corporel de la tristesse

« Les larmes qui coulent sont amères, mais plus amères encore sont celles qui ne coulent pas. »

Proverbe gaélique

Témoignage

« Je travaille depuis deux ans dans une boîte bordelaise comme assistante de direction, je me retrouve donc tous les jours que Dieu fasse avec le grand patron. Ce type m'a souvent paru extrêmement antipathique à vrai dire, voire insupportable. En fait, il est très narcissique et parle beaucoup en "Moi, je", ce qui a évidemment le don de m'énerver.

Il y a un mois, alors que je travaillais, il est arrivé dans mon bureau en vociférant, et en me balançant le travail de toute une matinée dans la figure, avant de repartir dans son bureau. Ça a été la goutte qui a fait déborder le vase. Je me suis promis que je devais lui dire ce que j'avais sur le cœur, et je suis entrée dans son bureau. Et là, surprise, je l'ai vu recroquevillé sur son siège, la tête dans ses mains et prêt à pleurer. Du coup, ça m'a tellement sidérée que j'ai abandonné toute agressivité tout de suite. Je l'ai même consolé ! Il m'a alors dit que sa femme le quittait, et qu'il était au fond du gouffre : il s'est vraiment ouvert à moi avec beaucoup de sincérité, en mettant même en cause sa personnalité, qu'il sait difficilement supportable. Ça m'a fait de la peine pour lui, et en même temps j'étais contente qu'il soit un peu lucide sur lui-même : je crois que la perte de sa femme lui faisait se poser beaucoup de questions. Plus tard, il m'a remerciée de l'avoir écouté. Je lui ai quand même dit ce que je voulais lui dire, mais beaucoup plus en douceur... Depuis, nos rapports sont beaucoup plus cordiaux. »

Annabelle, 29 ans

Un peu de théorie

La tristesse, une étrangeté évolutionniste ?

La tristesse est généralement provoquée par la perte de quelque chose ou de quelqu'un, c'est même une étape indispensable du processus normal de deuil ou de séparation. C'est une émotion qui peut facilement devenir sentiment, car la tristesse se prolonge très souvent (alors qu'une émotion, par définition, doit rester brève). Elle peut même mener à des états dépressifs importants. Et même sans aller jusqu'à la dépression, on peut parler de mélancolie, de déprime, de spleen, ou encore de nostalgie quand on se sent triste. En plus on peut même l'être sans vraiment savoir pourquoi ! Alors à quoi cela sert-il d'être triste ?

En effet, si on se pose dans une optique évolutionniste, la tristesse doit avoir une fonction ; sans cela, cette émotion n'aurait pas « survécu » à l'évolution. On peut étudier maintenant les deux fonctions principales de la tristesse : premièrement, elle peut avoir une fonction d'apaisement du conflit en stimulant l'empathie (par exemple, on est en colère contre quelqu'un, on le voit triste ou en train de pleurer, et de ce fait on perd toute agressivité, on s'adoucit, on éprouve un sentiment de sympathie pour lui, on a envie de le consoler). Ensuite, la tristesse aurait une fonction de réflexion sur soi : quand on est triste, on a tendance à se retirer du monde, à ne plus voir ses amis ou à moins s'exprimer. Cet isolement permettrait donc de se retrouver avec soi et de réfléchir à ses soucis. Être triste nous aiderait donc à prendre du recul sur les choses…

Les gestes et le visage de la tristesse

Cette notion de recul et de retrait est importante dans la gestuelle de la tristesse. En effet, sous le coup d'une telle émotion, le corps a tendance à se recroqueviller et à s'affaisser, comme si inconsciemment on voulait se soustraire au monde, ou du moins prendre le moins de place possible. On se sent tellement mal qu'on aimerait disparaître. D'ailleurs, on a souvent tendance à vouloir être seul quand on est triste, ce qui ne nous aidera pas car c'est au contraire le fait de se sentir soutenu et aimé par nos proches qui peut nous aider et nous changer les idées. Comme quoi, on peut désirer quelque chose et avoir besoin d'autre chose...

Au niveau de la tête, on assiste aussi à une tentative d'isolement : les mains sur la tête, les yeux quelquefois fermés ou du moins baissés, le regard dans le vague, tout participe à un objectif : s'absenter de soi-même et du monde. Le visage s'affaisse également : la bouche (via les commissures des lèvres) tire vers le bas. D'ailleurs, si vous pensez à l'« émoticone » de la tristesse (qui est représenté comme ceci : :( ), c'est ce détail en particulier qui nous indique que ce visage, même très simplifié, est triste. Enfin, pour ceux qui veulent confondre les simulateurs de la tristesse, c'est au niveau des sourcils et du front qu'il faut regarder : les sourcils prennent une position oblique, ce qui a pour effet de faire plisser le front. Ce mouvement est normalement très difficile à refaire, quand on n'éprouve pas vraiment cette émotion...

Les larmes, une autre curiosité du corps humain

Bien sûr, il est impossible de parler des signes de tristesse sans parler des larmes. On sait que la joie peut aussi parfois provoquer des larmes chez certaines personnes, surtout si cette joie est teintée de tristesse ou de nostalgie, et que ces larmes peuvent apparemment servir à évacuer une sorte de trop-plein psychique. D'après certaines études, pleurer de tristesse serait même bénéfique et contribuerait à évacuer cette émotion plus rapidement, comme l'illustre d'ailleurs très joliment le proverbe « *Les larmes qui coulent sont amères, mais plus amères encore sont celles qui ne coulent pas.* » Les larmes ressembleraient donc à une sorte de protection psychique. D'ailleurs, il semblerait que nous sachions cela inconsciemment. Par exemple, il nous paraît souvent inquiétant de voir une personne faire face à un deuil sans verser une larme, car on a alors l'impression qu'elle n'arrivera jamais à faire son deuil si elle n'extériorise pas sa tristesse.

D'ailleurs à un niveau physiologique, les larmes de tristesse sont très différentes des larmes qui se trouvent naturellement dans nos yeux pour en enlever les impuretés : elles sont chargées de toxines provoquées par le stress et nous aident ainsi à les évacuer. De même, le message nerveux qui provoque les larmes serait aussi responsable de la production d'antalgiques naturels, qui calmeraient notre douleur... Alors la prochaine fois que vous êtes triste, n'hésitez pas à pleurer, c'est apparemment bon pour la santé...

À RETENIR

Perte, deuil, et tristesse

On se sent généralement triste quand on a le sentiment d'avoir perdu quelque chose ou quelqu'un. L'émotion est alors souvent proportionnelle à notre attachement pour ce qui a été perdu, et peut même se transformer en sentiment profond. Car la tristesse est susceptible de provoquer des ruminations, qui nourrissent à leur tour le sentiment de tristesse…

Apaisement et recul

En fait, la tristesse permet en effet de prendre du recul sur soi et de se poser des questions importantes (parfois trop, il est vrai !). La gestuelle va d'ailleurs dans ce sens : le corps et le visage sont affaissés, en retrait. Mais ces mimiques sont aussi là pour provoquer la sympathie de ceux qui en sont témoins, ou même calmer leur agressivité.

Des larmes amères mais protectrices

Les larmes seraient un moyen physiologique pour évacuer les toxines liées au stress des émotions négatives. Elles pourraient calmer la douleur « psychique » que l'on ressent, en évacuant la tension qui y est liée. Elles seraient également à mettre en relation avec la production dans notre corps d'antalgiques naturels, qui sont en fait des antidouleurs.

Le visage de la tristesse

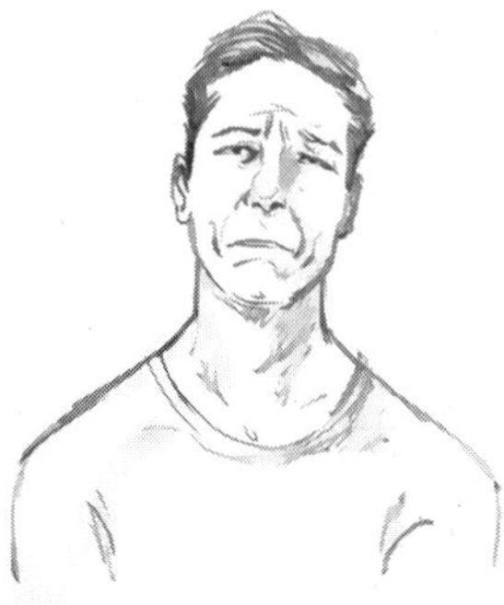

La tristesse est une émotion qui nous fait nous refermer sur nous-mêmes, et cette réaction est visible même sur notre visage. Ainsi, les coins de nos lèvres s'abaissent (l'exact contraire du sourire), tremblent, et nos yeux se ferment (ce qui nous « isole » symboliquement d'une réalité difficile).

Postures liées à la tristesse

La majorité des postures liées à la tristesse sont des postures de prostration, qui nous « tirent » vers le bas : nous nous recroquevillons, le dos s'arrondit, les épaules s'affaissent, la tête rentre dans le cou. Tous ces gestes sont évidemment faits pour nous isoler, nous retrancher du monde.

Les larmes

On pleure de tristesse en général, bien qu'on puisse aussi pleurer de joie. D'après les psychologues, pleurer serait une façon de faire sortir un trop-plein psychique, et serait même bénéfique en cas d'émotions négatives intenses. Elles aideraient également à évacuer les toxines liées au stress.

La main sur le front

Si la main est à plat sur le front avec le coude en appui sur la table, c'est un geste de concentration, une façon de mettre en ordre ses idées. Mais si la main est sur le front, les doigts pointés vers le haut, c'est plutôt du désarroi, quand on a par exemple du mal à comprendre ce qu'on lit.

Le langage corporel de la joie

« Si tu pleures de joie, ne sèche pas tes larmes, tu les voles à la douleur. »

Paul-Jean Toulet

Témoignage

« La dernière fois que j'ai ressenti une grande joie, c'était lorsque notre équipe, l'Olympique de Marseille, a gagné le championnat, en 2010. J'étais au stade pour le dernier match... je crois que je n'aurais manqué cela pour rien au monde ! Et je crois bien que je m'en rappellerai toute ma vie... On avait de l'avance et on sentait qu'on allait être les champions (et mettre au placard toutes ces années d'amertume footballistique !). Et avant même que le match finisse, j'ai commencé à sentir une énergie incroyable dans mon corps, une énergie relayée par toutes les autres personnes qui m'entouraient... J'avais l'impression d'être plein de chaleur, de vitalité... presque de violence ! Et quand l'arbitre a sifflé la fin du match... Pfff, ça a été comme une explosion ! Je me rappelle bien avoir regardé mon voisin (que je ne connaissais pas mais je m'en foutais !) avec des yeux écarquillés de bonheur et déjà embués par les larmes, et lui avoir sauté au cou dans un grand cri de bonheur ! C'était presque animal, et pourtant tellement beau, tous ces gens qui s'étreignaient pour partager ce moment de bonheur et de joie intenses... Il n'y avait plus de races, plus de jeunes, plus de vieux, tout le monde félicitait et aimait tout le monde, c'était vraiment magique... Et ça a continué ainsi toute la nuit, sur le Vieux Port... J'ai passé ce soir-là une des meilleures soirées de ma vie, même si le lendemain a été un peu rude à cause d'une gueule de bois, partagée par tous les Marseillais ! »

Medhi, 21 ans

Un peu de théorie

La joie, une émotion capitale

En effet, la joie est essentielle, dans la mesure où c'est la seule émotion de base connotée de manière positive. Ainsi, à côté de la peur, de la tristesse et de la colère (sans parler du dégoût...), la joie doit se sentir bien solitaire ! Bien sûr, l'émotion « joie » se décline elle-même sous différentes formes, en fonction de son intensité ou encore de sa durée : on parle ainsi de félicité, de bonheur, de plaisir, de bien-être, de bonne humeur, d'optimisme... Mais aucun de ces sentiments/émotions ne rivalise avec la joie, car c'est cette dernière la plus intense de toutes.

Mais à quoi sert la joie ? Tout simplement à fêter un événement positif, que ce dernier soit une victoire contre un adversaire, la naissance d'un enfant, ou encore un mariage heureux, la réussite à un examen, des retrouvailles... La joie a en fait plusieurs « fonctions », la principale étant de nous faire partager cet état avec les autres... Cette fonction est flagrante par exemple dans le cas d'un match de football : il n'y a en effet qu'à regarder les supporters d'une équipe victorieuse pour s'en apercevoir très vite ! D'ailleurs, ne vous est-il jamais arrivé d'apprendre une bonne nouvelle et d'être frustré de ne pas pouvoir la partager parce que vous étiez seul et que vous ne pouviez joindre personne ? La joie est l'émotion que l'on partage le plus facilement : c'est l'émotion de l'attachement, du plaisir, de l'amour en général. Et même le fait de la partager la prolonge et la renforce...

Les gestes de la joie

Il est donc logique que les gestes liés à nos moments et à notre sentiment de joie soient quasiment tous dirigés vers les autres, de façon à partager celle-ci le mieux possible : nous nous prenons dans les bras ou nous nous étreignons. La joie nous amène également à faire beaucoup de gestes ascendants (du bas vers le haut), comme si, dans cet état, nous avions l'impression d'être plus grands, plus forts. On a l'impression d'être sur un nuage. D'ailleurs, c'est souvent le cas : on se sent facilement invulnérable, et surtout on prend confiance en nous, quand on éprouve une grande joie, et cela se reflète dans notre gestuelle, très assertive (très affirmée). Si on reste dans le domaine du sport, il suffit d'observer les footballeurs qui mettent un but pour s'en convaincre : leur premier geste est souvent de brandir un poing victorieux ou deux vers le ciel... avant de se faire sauter dessus par les autres membres de l'équipe ! Même chose pour les supporters, qui sautent naturellement de leurs gradins (ou de leurs fauteuils) pour fêter la victoire...

Au niveau du visage, la joie est également une émotion qui provoque une dilatation et une expansion de nos traits. Ainsi, on écarquille nos yeux, on ouvre notre bouche (pour crier la plupart du temps), ce qui donne un visage plus « dilaté » et donc plus avenant. D'ailleurs, symboliquement, plus on dilate notre visage, plus on ressemble à un bébé : de grands yeux, un visage joufflu... ce qui nous rend plus sympathiques, forcément !

Des larmes de joie...

Cependant, il est également vrai que dans certains cas, il peut nous arriver de pleurer quand nous éprouvons une grande joie, ce qui peut paraître paradoxal, tellement les pleurs sont habituellement associés à la tristesse. Il nous est tous arrivé de pleurer lors d'un mariage par exemple, et ce, même quand, parfois, on ne connaît pas très bien les mariés (allons, cela nous est tous arrivé...)! Alors pourquoi pleure-t-on quand on est très heureux?

Les scientifiques, à vrai dire, ne sont pas très sûrs quant à la fonction ou la cause de ces larmes. Certains avancent que les larmes de joie, symboliquement et physiquement, nous aideraient à évacuer un « trop plein » d'émotions, c'est-à-dire une tension psychique très intense. Cela expliquerait les larmes de ceux qui sont reçus à un examen par exemple, puisque les larmes représenteraient alors le relâchement de toute la tension et la concentration liée au stress. Elles ne seraient donc pas directement liées à la joie mais à une émotion plus complexe.

D'autres pensent que les larmes sont dues au fait que la joie n'est pas pure au moment où on pleure, et qu'elle est ainsi mélangée à un peu de tristesse, aux souvenirs de souffrances passées, ce qui paraît tout à fait plausible. Cela peut ainsi expliquer que l'on pleure lorsque l'on retrouve quelqu'un de cher (on pense à tout le temps qu'on a passé séparé de lui) ou même quand on fête une victoire et qu'on se remémore tous les bons et mauvais moments endurés avant cette victoire...

À RETENIR

Joie et partage

La joie est l'une des émotions les plus communicatives, puisque c'est là justement sa fonction : le partage. Ainsi, quand on éprouve de la joie, on ressent le besoin pressant de le dire à tout le monde, car on sait aussi, inconsciemment, que le fait de partager la bonne nouvelle va raviver et faire durer cette belle émotion encore plus longtemps…

Des gestes au diapason

Ainsi, lorsque l'on éprouve de la joie, nos gestes sont en général ascendants (on se « sent plus grands » voire parfois invulnérables). Notre posture est aussi plus portée vers les autres (via les étreintes et autres embrassades…). Même nos mimiques sont destinées à nous rendre plus avenants pour « attirer » les autres : sourires, rires, etc.

Pleurer de joie…

La joie intense se manifeste aussi parfois par des larmes, ce qui peut sembler étrange, quand on y réfléchit ! Pleurer permettrait ainsi d'évacuer un trop-plein d'émotions (toutes les émotions fortes sont liées à une grande tension psychique, même le bonheur !). Mais cela peut aussi signifier que la joie est alors teintée d'un peu de tristesse…

Le visage de la joie

Un visage joyeux est évidemment souriant, rieur : notre bouche s'ouvre, nos lèvres se relèvent, et nos yeux se plissent. Ressentir cette émotion nous fait aussi sentir confiant : raison pour laquelle notre tête a tendance à être rejetée vers l'arrière, exposant ainsi le point vital qu'est notre cou.

Postures et gestes liés à la joie

La joie a la particularité de nous faire nous sentir à l'aise dans notre corps et proches des autres. Raison pour laquelle les gestes liés à cette émotion sont soit dirigés vers le haut (gestes d'extension, comme les bras ou le poing levés), soit dirigés vers les autres (étreintes, embrassades...).

Les extravertis

Les extravertis aiment partager leurs émotions avec les autres. Ainsi, quand ils rient, ils le font souvent les yeux ouverts en se penchant vers leurs voisins, pour profiter du rire des autres. Ils sont également volubiles, et peuvent facilement envahir votre espace intime sans se sentir gênés.

Les introvertis

Les introvertis n'aiment pas partager leurs émotions. Du coup, ils rient souvent les yeux fermés, pour garder ce surplus émotionnel en eux. De plus, ils détestent qu'on rentre dans leur bulle intime (qui est assez importante), et se débrouillent donc pour garder une certaine distance physique.

Pourquoi serre-t-on les poings quand on est furieux ?

Pensez à quelque chose qui vous met en colère et observez-vous : vos poings auront automatiquement envie de se fermer. Pourquoi ? Parce que la colère est une émotion très forte, qui consiste essentiellement en une concentration de votre énergie en certains endroits de votre corps, et notamment les poings. C'est pour cela que vous aurez envie de frapper quelqu'un ou quelque chose (et ce même si vous obtenez réparation !), car il faudra bien décharger cette énergie quelque part… n'est-ce pas ?

Les mains dans les poches traduisent-elles seulement la désinvolture ?

Elles sont en général considérées comme un signe de désinvolture. Mais ce n'est pas forcément le cas. Pour les hommes, c'est souvent le signe d'un retrait général, du type « je n'ai pas envie de participer à cette conversation ». Pour les femmes, c'est plus souvent un signe de gêne, ou une façon de garder le contrôle de la situation et de leurs émotions, en évitant de trop s'exposer. Mais attention au contexte ! Les mains dans les poches sont aussi très communes en temps de grand froid !

Deux sentiments différents peuvent-ils s'exprimer de la même façon ?

Il peut être curieux de voir que les gestes associés à la joie, voire au bonheur, peuvent sembler agressifs si l'on ne connaît pas leur contexte. Cela est particulièrement visible lors des rencontres sportives, dans lesquelles la joie de gagner est intimement liée au fait que l'autre perde... Ainsi, au tennis ou dans d'autres sports, les manifestations de joie ressemblent à s'y méprendre à des gestes intenses de domination : corps en extension (le dominant prend de la place !), poings serrés...

Pourquoi se ronge-t-on les ongles en cas d'angoisse ?

On ne sait pas vraiment la raison de ce type de comportement, même si une théorie semble satisfaire la majorité des psychologues. Ronger ses ongles serait en fait un geste « régressif », c'est-à-dire hérité de notre enfance. En d'autres termes, ce serait une façon de sucer notre pouce, sans vraiment le faire (imaginez des classes d'étudiants suçant leur pouce avant leur bac !). Geste paradoxal donc, car s'il est fait pour nous rassurer, il montre en fait aux autres que l'on est inquiet...

Quels sont les gestes révélant l'insécurité chez l'homme ?

Il n'est pas toujours évident de voir qu'un homme est mal à l'aise, car il utilise rarement le panel de gestes dit « de soumission », comme peuvent le faire les femmes. Ainsi, les gestes le trahissant seront plus subtils. Par exemple, ce peut être le fait de faire des mouvements presque obsessionnels sur des boutons de manchette récalcitrants. Ce peut également être le fait de ramener ses bras vers l'arrière, dans le dos, et d'en agripper un avec l'autre, surtout si la personne ne marche pas...

Quels sont les gestes révélant l'insécurité chez la femme ?

Chez les femmes, l'insécurité se traduit généralement par des auto-contacts récurrents beaucoup plus flagrants. Par exemple, une jeune fille qui se sent observée par un beau jeune homme aura tendance à coller son sac contre elle (ou à défaut son ou ses bras), s'assurer que le bas de son pull est toujours à sa place, ou encore à toucher ses cheveux. Mais elle peut également se cacher de façon symbolique : regard fuyant, cheveux devant les yeux (c'est d'ailleurs habituel chez les adolescentes).

Pourquoi se cache-t-on quand on est triste ?

En effet, quand on est triste, on a souvent envie de rester seul, de ne voir personne et de passer notre temps à ressasser des pensées noires. Et selon les évolutionnistes, cela serait justement « l'utilité » de la tristesse, son sens dans l'évolution de la race humaine : s'isoler pour réfléchir sur soi et ses problèmes, afin de (normalement !) pouvoir trouver une solution à ses problèmes... D'où une gestuelle qui tend vers l'isolement : regard fermé, tête baissée, corps recroquevillé sur soi...

Comment paraître sur la même longueur d'onde ?

Comment voit-on que deux personnes s'aiment bien, ou du moins, ont établi un vrai contact amical ? La synchronisation ! En effet, la synchronisation est le fait de prendre le même type de gestuelle que votre interlocuteur, et ce processus a la particularité de s'opérer naturellement entre deux personnes déjà proches : même débit de voix, même ton, mêmes gestes, même démarche... Mais attention, car cela peut aussi être utilisé à des fins commerciales, voire manipulatrices par de petits malins !

Comment détecter les signes de la colère ?

Il peut être utile de savoir détecter les expressions liées à la colère pour désamorcer un conflit rapidement. La colère provoque ainsi un abaissement des coins intérieurs des sourcils, ainsi que la contraction du muscle qui se trouve entre les deux sourcils (ce qui marque la « ride du lion »). En même temps, les paupières se redressent, l'extrémité du menton se soulève, les lèvres se resserrent ou au contraire s'écartent pour laisser voir les dents. Dans tous les cas, agissez rapidement !

Pourquoi penche-t-on la tête dans certaines situations ?

Le fait de pencher la tête est en effet un signe qui n'est absolument pas anodin. Dans certains cas, cela peut traduire la tristesse, comme si la personne n'avait plus assez d'énergie pour se redresser entièrement, et était accablée par le poids de ses émotions. Dans d'autres cas, cela peut aussi traduire une soumission consentie (comme quand un enfant vous demande de lui pardonner une bêtise...), une demande d'attention, voire une tentative de séduction propre aux femmes très... coquettes.

Quels sont les gestes que nous ne pouvons contrôler?

Le langage du corps est en effet parlant car il est quasiment impossible à contrôler. Le langage corporel de la peur en est un bon exemple, car c'est en plus une émotion ancrée très profondément en nous, puisqu'elle a conditionné notre survie finalement ! Yeux écarquillés et sourcils relevés (ou bien hermétiquement fermés si le danger est vraiment proche), crispation horizontale des lèvres, sursaut et contraction du corps sont des signes qui ne peuvent pas tromper, et très difficiles à cacher...

Les bras : que nous disent-ils de nous ?

Les bras croisés en travers de la poitrine peuvent représenter un signe de fermeture, surtout lorsqu'ils sont accompagnés d'un retrait du corps ou d'un autre croisement (celui des jambes, évidemment !). Mais d'autres signes de fermeture existent. Par exemple, si un homme porte ses mains croisées (avec les paumes invisibles) devant sa bouche, cela signifie en substance : « Je ne suis pas d'accord et j'attends d'avoir la parole pour m'exprimer ! ».

Les gestes de la séduction

En matière de séduction, le langage corporel est primordial ! Apprenez à déchiffrer les signaux inconscients, et découvrez les codes de la séduction au féminin et au masculin !

La communication non verbale dans le couple

« Aimer, c'est avoir du plaisir à voir, toucher, sentir par tous les sens, et d'aussi près que possible un objet aimable qui nous aime. »

Stendhal

Témoignage

« Je sors depuis quelque temps avec Blanche, une fille géniale que j'ai rencontrée après une rupture un peu difficile. Je venais en effet de me séparer de ma femme, qui n'arrêtait pas de me dire que nous n'étions pas sur la même longueur d'onde, ce qui s'est, a posteriori, *finalement révélé exact. Sauf que maintenant je sais pourquoi, car la relation que j'ai avec Blanche est complètement différente : beaucoup plus de tendresse, d'intimité, de proximité, que ce soit physiquement ou affectivement. Avec le recul, c'est clair qu'on n'était pas heureux ensemble : le contraste avec Blanche me l'a fait réaliser.*

Par exemple, avec mon ex, et même au tout début de notre relation, on ne se touchait quasiment jamais en public. Il faut dire qu'elle-même n'était pas très tactile, et plutôt pudique : elle ne voulait pas gêner les autres. Mais même en privé, elle n'était pas très câline. Et je me rappelle aussi toutes ces fois où je cherchais son regard dans les dîners, et où je me prenais à chaque fois un vent ! Du coup, notre complicité s'est vite émoussée, et notre désir aussi… À la fin, je crois qu'on ressemblait plus à deux colocataires qu'à deux amoureux… Ce qui n'est certainement pas le cas avec Blanche ! Elle, au contraire, est très câline, et il nous arrive souvent de nous manger du regard, même en public… Tous ces regards coquins qu'on s'échange parfois dans les dîners ennuyeux, moi ça m'excite au plus haut point ! Alors, pour rien au monde, je ne reviendrais en arrière… »

Vincent, 35 ans

Un peu de théorie

Des contacts démultipliés

Quand on parle de contacts, on pense bien évidemment au fait de toucher l'autre, de le prendre dans nos bras, de lui caresser la main, de se montrer tendre et affectueux avec lui. Et c'est en effet un signe fort de l'entente dans un couple : mieux on s'entend, plus on a envie de se toucher physiquement, via des caresses, des baisers, des massages, ou tout simplement en faisant l'amour. D'ailleurs, le contraire se vérifie aussi : quand un couple ne se touche plus, ne s'embrasse plus, c'est souvent le résultat d'une relation distendue (voire carrément inexistante). Ce phénomène peut être seulement momentané ou au contraire plus profond.

Cependant, le contact physique n'est pas le seul signe d'amour entre deux personnes, car il existe des différences proxémiques entre les personnes et entre les cultures : en d'autres termes, on peut ne pas être tactile (en public du moins) mais être passionnément amoureux de l'autre. Ces contacts peuvent donc aussi être des contacts oculaires : il est prouvé que les amoureux se regardent beaucoup plus dans les yeux que les personnes qui le sont moins. Le regard étant le « *miroir de l'âme* », selon l'expression consacrée, il peut ainsi sembler normal que les deux âmes se rejoignent dans le même regard. Mais se regarder dans les yeux peut aussi être expliqué par le fait de vouloir montrer à l'autre qu'il n'a pas de méfiance à avoir, comme un bon menteur peut fixer dans les yeux la personne qui l'interroge pour lui « prouver » sa bonne foi.

La synchronisation des gestes

De plus, les personnes véritablement amoureuses ont tendance à se comporter physiquement de la même façon : à adopter les mêmes postures et à coordonner leurs gestes dans les mêmes mouvements. Par exemple, si une femme amoureuse se rapproche de son partenaire en le regardant langoureusement, et si celui-ci recule, son retrait physique sera vécu comme un affront, et il n'y a aucun doute que ce dernier devra faire face, à un moment ou à un autre, à une discussion animée pour s'expliquer ! Mais la « synchronie interactionnelle » ne signifie pas forcément que deux personnes en harmonie s'imitent en tout, cela signifie plutôt que chacun va faire en sorte d'intégrer l'autre dans sa gestuelle, un peu comme dans un ballet : si par exemple un homme prend la taille de sa femme alors qu'ils marchent côte à côte, leur démarche aura tendance à se synchroniser pour limiter la gêne. D'ailleurs, il est évident que le fait de prendre la taille, ou, dans une moindre mesure, la main de son ou sa partenaire dans la rue est un signe d'entente dans un couple. *A contrario*, les couples mal assortis se repèrent aussi à leur gestuelle, souvent antagoniste. Par exemple, les regards n'iront pas dans la même direction ou ils ne marcheront pas à la même vitesse. Vous pouvez d'ailleurs observer ce phénomène plus particulièrement à la Saint-Valentin quand les couples malheureux donnent le change en allant ensemble au restaurant : pendant que la femme regarde dehors, l'homme regarde la serveuse ou sa montre…

Montrer que l'autre nous appartient

Certains signes peuvent révéler notre jalousie, ou du moins une certaine possessivité dans notre couple. Ces gestes sont destinés à nous rassurer, ainsi qu'à démontrer notre amour pour l'autre. Mais ils sont surtout utiles pour prouver à tout le monde que cette personne nous « appartient », et ont pour vocation de dissuader nos rivaux potentiels.

Ainsi, certains gestes sont faits pour impressionner les autres, et se rapportent donc en majorité à notre propre statut : on fait étalage de ses richesses, de ses ressources, en un mot, de ses atouts. Ces gestes sont tous les gestes de domination et d'intimidation : ce peut être le fait, pour un homme, de bomber le torse ou de parler très fort (et dans des termes plutôt flatteurs pour lui-même). Ce peut être aussi, pour une femme, d'agiter sa crinière, mais cela peut également passer par le fait de porter de façon ostensible un sac à main très onéreux ou une montre de grande marque.

D'autres gestes se rapporteront plus à la notion de possession, et impliqueront donc une grande proximité physique avec l'autre, pas très naturelle et un peu forcée, comme pour montrer de façon concrète les liens et l'attachement qui nous unissent à l'autre : l'homme mettra la main sur la cuisse de sa femme, qui, en retour, remettra en place la cravate de « son » homme. On peut cependant se demander si les personnes qui se sentent inconsciemment obligées de multiplier ce genre de gestes sont vraiment bien rassurées quant aux sentiments de leur partenaire...

À RETENIR

Quand on s'aime, on se touche !

En effet, les contacts répétés font partie des signes évidents de l'amour entre deux personnes. Ces contacts, s'ils ne sont pas toujours physiques, peuvent être des contacts oculaires, tout aussi importants que les contacts réels... *A contrario*, l'absence de contact, réel ou oculaire, est souvent un signe manifeste de crise durable dans un couple.

Le ballet des gestes amoureux

Deux personnes amoureuses harmonisent souvent leurs gestes en une sorte de ballet : ces mouvements similaires et harmonieux s'appellent « la synchronie interactionnelle ». Cette synchronie consiste soit à faire sensiblement les mêmes mouvements ou adopter les mêmes postures que son partenaire, soit à inclure ces mouvements dans sa propre façon de bouger.

« Tu es à moi et je le montre ! »

Certains gestes sont spécifiques au vocabulaire amoureux de la communication non-verbale. Ils évoquent notamment la notion de possession, et servent à montrer que telle personne nous « appartient ». Ils sont de deux natures différentes : les uns servent à impressionner les rivaux, les autres à concrétiser physiquement le lien qui nous attache à l'autre.

S’asseoir sur l’accoudoir du fauteuil

On s’assied sur l’accoudoir du fauteuil quand on apprécie la personne qui y est vraiment assise. Cette posture, assez cavalière, montre en effet un niveau d’intimité assez profond : car les fesses se retrouvent à portée de main de la personne assise, et on peut basculer très facilement vers elle...

La synchronisation

C’est la reproduction, inconsciente en général, des gestes et postures des personnes qui nous plaisent. C’est ce qui explique que deux amoureux marchent du même pas, ont les mêmes attitudes ou le même vocabulaire, ou que l’homme qui vous drague penche la tête, ou parle à voix basse tout comme vous.

La posture possessive

Comment voit-on qu'un homme est possessif avec sa femme ? Il la tient par la nuque, endroit vital et intime par excellence, comme si cette main représentait une sorte de bride que l'on met à un animal qu'on imagine récalcitrant. La main refermée sur l'épaule est, elle, plutôt protectrice.

La posture dilettante

Dans un couple, si un homme prend sa femme par l'épaule, avec une main dans le vide en équilibre instable, on peut se demander si son engagement amoureux ne manquerait pas de profondeur. En effet, un homme vraiment engagé ne laisse pas sa main errer dans le vide, mais serre l'épaule de sa compagne.

Les pieds révélateurs

Nous faisons rarement attention à ce que nous faisons avec nos jambes ou nos pieds. Et c'est pour cela qu'ils sont souvent révélateurs ! Si par exemple un homme accompagné est attiré par une autre femme que la sienne, il y a de fortes chances pour que ses pieds pointent plutôt vers la concurrente...

Les stéréotypes sexuels

En matière de séduction, autant les signaux peuvent être subtils, autant le message qu'ils véhiculent ne l'est pas. Ainsi, quand une femme veut être séduisante, elle se féminisera encore plus en adoptant des gestes de soumission, alors que les hommes adopteront eux des gestes de domination...

Le mouvement de tête vers l'arrière

Quel homme n'a jamais vu sa future dulcinée le séduire avec ce mouvement de tête caractéristique pour ramener ses cheveux vers l'arrière ? Ce geste, fait pour attirer l'attention sur soi, est tellement ancré dans nos « parades nuptiales » que même les femmes qui ont les cheveux courts le font !

Les poignets « cassés »

Chez une femme, le fait de casser les poignets est considéré comme un geste séduisant. Cela mettrait en exergue sa fragilité et augmenterait son pouvoir attractif sur les « mâles » forts et virils. D'où, peut-être, cette mode consistant à porter son sac au creux du coude en cassant les poignets.

Il/elle me drague ou quoi ?

« Le regard chez une jeune femme est un interprète toujours charmant qui se charge de dire avec complaisance ce que la bouche n'ose prononcer. »

Marivaux

Témoignage

« Je me suis mariée il y a plus de 25 ans et j'avoue que lorsque j'ai divorcé il y a deux ans, je ne me voyais vraiment pas refaire ma vie. Et puis, je me suis aperçue que la solitude, ça pèse, surtout quand ton ex-mari retrouve, lui, une femme en moins de deux ! J'ai donc recommencé à sortir de temps en temps avec deux collègues de travail, divorcées aussi (les crises de la quarantaine et de la cinquantaine font des ravages dans les couples !) ! Au début, cela me faisait vraiment bizarre de revenir sur le « marché » de l'amour, mais en groupe, c'est quand même plus facile...

C'est ma collègue Laureline qui semblait la plus motivée et la plus désireuse de retrouver quelqu'un (il faut dire que ça fait longtemps que son mari l'a quittée). En l'observant dans les bars où nous allions, j'avais l'impression de revenir à l'époque de mon adolescence : robes flatteuses, maquillage, mines aguicheuses, regards de biche, sourires timides, mains dans les cheveux... elle nous sortait toute la panoplie à chaque fois ! Le pire, c'est que ça marchait ! Bon, après, les histoires ne duraient pas bien longtemps malheureusement, mais bon...

Moi, j'étais un peu rouillée, je dois l'avouer, et je ne me voyais pas faire tout ça. J'ai donc opté pour des cours de stretching et de théâtre pour rencontrer des gens... Depuis, j'ai rencontré Patrice, on a eu quelques rendez-vous et il me plaît beaucoup. Et en fait, je m'aperçois qu'on a toujours un cœur de midinette et ce, même après 50 ans ! »

Emma, 52 ans

Un peu de théorie

Les femmes mènent la danse!

Et ce, même si les hommes ont souvent l'impression d'avoir fait le premier pas ! En effet, les études sur ce sujet sont formelles sur ce point : dans 90 % des cas, ce sont les femmes qui, par des signaux plus ou moins subtils, amènent les hommes à venir leur parler... ou pas. D'ailleurs, si vous doutez de cette statistique, messieurs, faites le test : si, dans un bar, vous approchez une femme au hasard sans que celle-ci vous ait envoyé le moindre signal, il y a quasiment 100 % de chances que vous repartiez bredouille. Tout simplement parce que ce sont les femmes qui choisissent et que leurs critères sont souvent difficiles à satisfaire !

Cette configuration est d'ailleurs assez unique dans le monde animal. En effet, chez les autres espèces animales, ce sont souvent les mâles qui se parent des plus beaux atours pour attirer les femelles : ainsi, la plupart des oiseaux mâles ont des couleurs beaucoup plus chatoyantes que leurs femelles... Chez l'être humain, c'est tout le contraire : ce sont les femmes qui revêtent des couleurs vives, qui se maquillent, qui se coiffent... pour attirer l'attention des hommes et montrer également leur disponibilité, même si, évidemment, ces comportements ne sont pas les seuls à indiquer la disponibilité d'une femme. Cependant, les signaux féminins sont en général assez subtils (sauf pour les autres femmes !) et nombreux sont les hommes à passer à côté de bonnes occasions, tout simplement à cause d'un mauvais sens de l'observation...

Les signaux inconscients

Alors, quels sont les signaux envoyés de part et d'autre pour montrer que l'on est disponible, voire désireux de faire connaissance ? Certains d'entre eux sont conscients, d'autres inconscients. Pourquoi ? Parce que la séduction est autant (voire plus) une affaire d'instinct (apparence, âge, attitude...) que d'intellect (humour, valeurs, projets...). En effet, beaucoup de comportements attachés à la reproduction sont profondément ancrés dans notre cerveau primaire, reptilien, garant de notre survie... Par exemple, avez-vous conscience des phéromones que vous envoyez aux autres ? Non ! Eh bien, c'est parce que c'est votre cerveau reptilien qui les envoie et que vous ne contrôlez rien à ce niveau-là !

Pour repérer les signaux inconscients, il suffit de se balader sur une plage en plein été... En effet, si vous regardez deux personnes du sexe opposé se rencontrer (dans le cas où les deux personnes sont hétérosexuelles), vous verrez des changements subtils s'opérer dans leurs attitudes au moment où ces deux individus seront sur le point de se croiser (et surtout si les deux personnes se plaisent). Ainsi, les deux redresseront le dos et rentreront instinctivement le ventre : l'homme pour bomber le torse, la femme pour mettre sa poitrine en valeur. Leurs muscles deviendront aussi plus toniques, donnant à leur démarche un aspect plus vif, dynamique et jeune. Ces attitudes disparaîtront d'ailleurs dès lors que plus personne de « désirable » ne sera en vue.

Les cinq étapes de la séduction

Les psychologues ont mis en exergue ce que l'on appelle les cinq étapes de la séduction, qui regroupent à elles seules l'ensemble des gestes liés à la séduction.

La 1re phase est celle du contact visuel, initié par la femme. Celle-ci va ainsi, pendant quelques secondes, fixer l'homme qui lui plaît, de façon à se faire remarquer (bien qu'en moyenne, elle doive le faire au moins trois fois pour que monsieur s'en aperçoive !).

La 2e étape, toujours à l'initiative de la femme, est celle du sourire (ou plutôt du demi-sourire esquissé de manière subtile et timide !), qui lui permet de donner le « feu vert » à l'homme.

La 3e étape consiste à se faire le plus beau possible et à montrer son intérêt de façon plus franche et ce, pour les deux sexes. Ainsi, les poitrines se gonflent, les mains viennent caresser les cheveux et vérifier que les vêtements sont bien à leur place. Chacun dirige son corps ou une partie de son corps vers l'autre.

La 4e étape est celle où l'homme a un rôle important à jouer, car c'est habituellement à lui que revient le rôle d'entamer la conversation. Lors de cette phase, la plupart des gestes effectués lors des trois premières phases sont répétés (contact visuel, sourire, mains dans les cheveux…)

Enfin, la dernière étape est celle du toucher : ce peut être une main sur l'épaule, sur le bras, une poignée de mains, voire une bise. La réaction de l'autre à ce moment-là sera d'ailleurs très révélatrice de son envie de continuer ou non l'expérience !

À RETENIR

Le pouvoir aux femmes

C'est, en effet, ce qui ressort de toutes les études sur les comportements liés à la séduction : ce ne sont pas les hommes qui font les premiers pas en réalité, mais bien les femmes qui envoient les premiers signaux, subtils il est vrai ! Conséquence directe : ces messieurs ne les voient pas toujours et se trompent donc régulièrement de cibles…

Des comportements souvent inconscients

La séduction est liée à la reproduction et à la survie : une grande partie de nos pulsions, goûts et comportements liés à la séduction sont de fait situés, malgré nous, dans notre cerveau reptilien. Ainsi, nous avons instinctivement tendance à prendre des postures et des poses avantageuses quand nous sommes en présence de quelqu'un potentiellement intéressant.

Des codes bien définis

Ce sont souvent les mêmes gestes et les mêmes attitudes qui reviennent, et souvent dans le même ordre ! D'abord, on établit un contact visuel, puis on sourit une fois que la cible est « ferrée », puis on met en valeur ses atouts. Et une fois que la conversation est lancée, alors on montre à l'autre son intérêt en provoquant un contact physique…

Le sourire permanent

Le sourire est évidemment le premier geste lié à la séduction, féminine ou masculine (bien que les femmes sourient plus que les hommes en situation de séduction). C'est en effet une mimique d'apaisement et de soumission, qui crée du lien et qui rend celui qui sourit automatiquement plus sympathique.

Souligner son décolleté ou sa gorge

Chez une femme, ces deux endroits sont évidemment très symboliques. Si elle vous regarde en coin ou franchement en touchant, caressant ou effleurant sa gorge ou son décolleté, c'est pour elle une façon de les mettre en valeur de façon sensuelle en attirant votre regard dessus. Laissez-vous inviter !

Jeux de jambes

Les jambes d'une femme sont un atout indéniable, dont elle peut abuser pour séduire. Ainsi, elle peut se percher sur de hauts talons, pour allonger encore ses jambes et accentuer sa cambrure. Et le fait de les croiser et de les décroiser peut également être un signe de disponibilité sexuelle.

L'attitude « Marilyn »

Marylin Monroe avait tout compris en matière de gestuelle sensuelle. Son attitude iconique est un exemple du genre : les lèvres entrouvertes, le regard en contre-plongée (comme si celui qu'elle regardait était plus grand, donc plus viril qu'elle), la tête sur l'épaule laissant le cou exposé...

Mâchonner son collier

Ce geste est typiquement féminin car une femme a souvent un rapport assez passionnel avec ses bijoux. Si un homme lui parle et qu'elle commence à mâchonner son collier, c'est un signe de nervosité : la chaîne devient un objet rassurant qu'elle « tète »... ce qui n'est pas forcément de bon augure.

Le regard par-dessus l'épaule

Le regard par-dessus l'épaule est un geste très connu des femmes, car il signifie : « Je ne suis pas tournée vers toi, mais je ne peux m'empêcher de te regarder quand même. » De plus, ce geste met en valeur les épaules, en les rendant plus rondes, et ressemble aussi à un geste de soumission.

La posture des « ciseaux »

Quand une femme prend cette posture, elle indique qu'elle compte bien rester avec vous, mais que pour l'instant, elle n'est pas séduite. Cette posture peut aussi indiquer un malaise, ou un certain manque de confiance, surtout chez un homme (il protège ainsi ses parties les plus « vulnérables »).

La tête penchée

La tête penchée est un geste phare, très utilisé par les femmes, car cela leur donne un air mutin mais surtout vulnérable. C'est aussi un geste de soumission et d'apaisement : en penchant la tête on expose son cou, partie vitale par excellence, ce qui signifie donc : « Je te fais confiance. »

La séduction au féminin

« La femme s'est toujours réservé la part captivante de la séduction (la séductrice), lui s'est toujours retrouvé avec la part légèrement ridicule (le séducteur). »

Jean Baudrillard

Témoignage

« Le mois dernier, mon mari et moi sommes allés à une soirée d'anciens étudiants, organisée par l'école où nous avons fait nos études. Tout le monde, nous y compris, voulait donner une bonne image. C'est pour cela que nous nous sommes mis sur notre trente-et-un : on aurait presque dit un bal de promotion américain, comme on en voit dans les films ! Lors de la soirée, nous avons ainsi revu la plupart de nos anciens camarades. Et ce qui est drôle, c'est que j'ai eu l'impression d'une certaine régression dans les comportements : comme si toutes les personnes présentes avaient de nouveau vingt ans. Chez certaines, c'était tellement flagrant ! Je me souviens notamment d'Alice, qui était à l'époque une vraie allumeuse et qui apparemment n'avait pas vraiment changé : elle a passé sa soirée à draguer les hommes, mariés ou pas d'ailleurs ! Déjà, elle était très maquillée et habillée de façon ouvertement sexy, avec une jupe qui s'apparentait plus à une ceinture et un décolleté qui n'avait rien à envier à celui de Pamela Anderson ! Et puis elle passait son temps à se toucher le cou en glissant des regards par en dessous, et à rire à gorge déployée dès qu'un homme faisait une blague, même mauvaise… Ce qui est fou, c'est que si les femmes trouvaient ce comportement déplacé, les hommes, eux, ne paraissaient pas vraiment gênés par cet étalage de charme et étaient attirés par Alice comme des mouches par de la confiture… Comme quoi, les bons vieux stéréotypes marchent toujours… »

Anita, 37 ans

UN PEU DE THÉORIE

La femme, maîtresse de la séduction ?

Quand nous observons les animaux dans la nature, nous pouvons être frappés par une chose : dans le règne animal, ce sont la plupart du temps les mâles qui ont les plus belles parures pour pouvoir séduire les femelles. Effectivement, c'est le lion et non la lionne qui a une superbe crinière, ce qui lui permet notamment d'augmenter son volume (et donc son capital séduction) d'une façon non négligeable.

En revanche, chez les humains, cette situation a tendance à s'inverser : ainsi, les plus beaux atours sont portés par les femmes. En effet, à l'heure actuelle, ce sont plutôt elles qui multiplient les artifices pour pouvoir séduire les hommes, à grands coups de tenues sexy, de coiffures tendance, de maquillage soigné, de parfums enivrants ou encore, pour certaines, d'opérations coûteuses de chirurgie esthétique (bien que les hommes ne soient plus en reste de ce côté-là). Et la donne ne change pas au niveau de la communication non verbale : toutes les études entreprises prouvent que dans 90 % des cas, ce sont les femmes qui dirigent le ballet de la séduction… tout en laissant croire insidieusement aux hommes que ce sont eux qui ont fait le premier pas. En effet, les avances féminines, c'est-à-dire les gestes et les expressions marquant l'invitation, la disponibilité ou l'intérêt pour l'autre, sont en général très subtiles. D'ailleurs, s'il s'avère que ces gestes sont trop exagérés, cela peut même se révéler répulsif… Les hommes aiment croire qu'ils ont le contrôle !

Les postures féminines de séduction

Alors que les postures masculines de la séduction rappellent plutôt celles de la domination (postures d'extension et d'occupation de l'espace), les postures féminines vont, elles, en toute logique, rappeler celles de la soumission.

Ainsi, quand une femme veut séduire un homme, c'est rarement en paraissant dominante, bien que ce comportement soit de plus en plus en vogue, notamment avec le phénomène de société bien connu des « cougars » (des femmes en couple avec des hommes plus jeunes). Mais mis à part ces femmes dominantes, la plupart des femmes vont mettre en avant leur féminité, leur fragilité et surtout leur vulnérabilité, pour exciter les mâles et leur besoin de domination, et aussi pour ne pas les effrayer ou leur faire perdre leurs repères. De fait, elles vont par exemple multiplier les gestes portés vers elles-mêmes, qui vont réduire leur taille ou leur volume. Elles peuvent ainsi se toucher les cheveux, incliner la tête sur le côté pour montrer leur cou, c'est-à-dire leur point faible (rappelons que cela est une posture de soumission, contrairement au face-à-face), croiser les jambes... D'ailleurs, on peut remarquer que les jambes sont souvent un endroit sur lequel l'homme se focalise volontiers : apparemment cela serait dû au fait qu'à la puberté, les jambes des femmes s'allongent de façon un peu disproportionnée par rapport au reste du corps. Les hommes aimeraient donc les longues jambes car elles leur rappelleraient une période où la femme est très fertile...

Un visage très expressif

Les femmes vont également se servir de leur visage et de leurs expressions pour communiquer. Leur figure est souvent très animée quand elles flirtent. En fait, les hommes sont plutôt attirés par des visages très expressifs, car cela implique en général des traits plutôt fins et mobiles. Les femmes se doivent donc d'avoir plutôt de grands yeux : elles les maquillent, les écarquillent de façon imperceptible quand elles veulent séduire, ou baissent légèrement le menton pour regarder leurs partenaires par en dessous (les yeux « mangent » ainsi la partie du visage visible). On associe en général les grands yeux aux bébés et aux « gentils » dans les dessins animés (alors que les « méchants » auront souvent de petits yeux effilés et sournois), et c'est pour cela qu'ils provoquent l'envie de protéger... Mais les yeux peuvent également papillonner (les fameux battements de cils), ou même se détourner d'une façon un peu spéciale : ainsi, le corps sera dirigé vers l'homme, mais le visage sera dans une autre direction, donnant ainsi des indices contradictoires, mais intrigants, et donc attirants pour l'homme.

De même, l'expressivité du visage passera par une bouche entrouverte, mais aussi des sourires et des rires beaucoup plus nombreux chez la femme que chez l'homme : souvenez-vous que les dominés sourient plus souvent que les dominants. Ainsi, on peut pratiquement prédire le succès d'un homme par le nombre de fois qu'il fait rire les femmes dans une soirée...

À RETENIR

Le pouvoir aux femmes !

Malgré certains stéréotypes bien ancrés dans la culture humaine, ce sont plutôt les femmes qui, en utilisant leur corps et leur visage, invitent les hommes à flirter, et non l'inverse. Les femmes ont en effet une palette d'expressions et de gestes très large pour provoquer l'intérêt, expressions que les hommes captent de façon plus ou moins inconsciente.

Se soumettre pour mieux dominer ?

En effet, les femmes ont à leur disposition tout un arsenal non verbal pour montrer aux hommes leur disponibilité. Leur arme favorite consiste à exposer leur vulnérabilité pour provoquer l'instinct de protection des hommes. Cette attitude soumise se communique via une gestuelle auto-centrée : on caresse ses cheveux, son cou, on croise les jambes, etc.

Regards et sourires

La mobilité et l'expressivité du visage féminin sont des atouts indéniables pour qui veut séduire. Les yeux et la bouche vont notamment jouer un rôle prédominant : les yeux peuvent papillonner ou s'agrandir, les regards s'attarder et s'alanguir. Quant à la bouche, elle va se montrer très conciliante, via notamment de nombreux sourires et rires.

Les lèvres entrouvertes

Des lèvres entrouvertes sont en effet un signe d'invitation sexuelle plus ou moins subtil. La bouche constitue une vraie différence entre hommes et femmes. Ces dernières ayant en général des lèvres plus charnues et plus colorées, les entrouvrir n'est qu'une façon parmi d'autres de les valoriser.

Se lécher les lèvres

Ce geste est évidemment un signe d'invitation sexuelle, quand il est fait en situation de séduction. En effet, l'excitation (même légère) a tendance à assécher les lèvres, et les humecter représente donc un signal limpide. C'est aussi une façon de montrer des lèvres humides et plus pleines.

Elle se caresse le cou ou la nuque

Le cou et la nuque sont deux endroits très intimes et hautement érogènes. Ce sont aussi des points vitaux à protéger. Une femme qui se caresse le cou met donc en valeur un endroit intime ; tout en en barrant l'accès avec sa main : elle ne sait que choisir entre deux désirs contradictoires...

La cigarette féminine

La cigarette est un objet phallique et sensuel. Une femme ne fumera pas forcément de la même façon que d'habitude en présence d'un homme plaisant. Par exemple, elle se débrouillera pour fumer en lui montrant l'intérieur de ses poignets, en les cassant vers l'extérieur, dans un geste sophistiqué.

Le sac de ces dames

Le sac d'une dame est le prolongement de sa personne : elle ne le met donc pas n'importe où. Si, avec un homme, elle le garde serré contre elle ou sur ses genoux, c'est une façon de se protéger. Si, en revanche, elle le met en évidence, sur la table par exemple, c'est qu'elle lui fait confiance.

Tortiller ses cheveux

La lecture de ce geste dépend du contexte. Une femme peut très bien faire cela machinalement, alors qu'elle est en train de rêver : ce geste l'aide alors à se détacher du monde réel. Mais ce peut être aussi un signe de nervosité un peu immature, s'il est accompagné d'autres gestes de nervosité.

Sucer une mèche de cheveux

En tant qu'adulte, sucer ses cheveux peut sembler puéril. Et en effet, sucer ses cheveux peut être considéré comme un geste relique, c'est-à-dire hérité de l'enfance. Et comme beaucoup de gestes reliques, il est fait pour nous rassurer quand on est confronté à une situation de stress.

Faire tourner sa bague

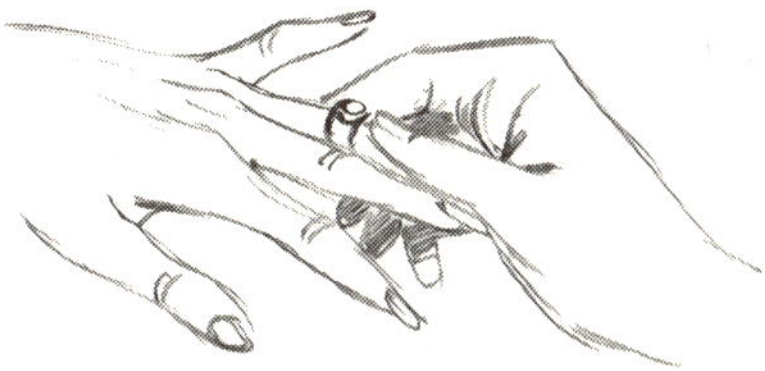

Si une femme, alors qu'elle est en discussion avec un homme, fait inlassablement tourner sa bague autour de son doigt, avec les yeux dans le vide, alors ce n'est pas bon signe pour lui ! Ce geste indique en effet un besoin de s'isoler, un certain découragement, voire une grosse désillusion…

La séduction au masculin

« Quand un homme cherche à séduire une femme, il est plus susceptible d'adopter des comportements virils stéréotypés. »

Peter Collett

Témoignage

« J'ai toujours admiré, voire jalousé mon frère pour sa capacité à faire tomber les femmes comme des mouches. C'est un vrai Casanova, contrairement à moi, qui ne sais pas du tout séduire ! Il faut dire que mon frère a des avantages que je n'ai pas : il est taillé comme dans un roc. Grand, naturellement musclé, d'allure soignée, il n'a pas son pareil pour draguer, que ce soit à un mariage, au boulot ou en boîte ! On dirait que les filles sont comme aimantées par son corps, et je suppose qu'il sait aussi y faire. Quelquefois, quand on sort, je l'observe à la dérobée, pour éventuellement apprendre quelques « trucs », mais bon, soit je l'imite mal, soit je n'arrive pas à saisir ce que les filles voient en lui... Déjà, il a une allure très masculine, presque macho... moi, à côté, je suis un jeune gringalet sans envergure. Et puis je ne sais pas, dans ses gestes, dans son sourire, il dégage vraiment quelque chose, indépendamment de ses atouts physiques. Ses copines disent de lui qu'il a un charme fou, mais qu'est-ce que le charme ?

Attention ! Je ne suis plus vraiment jaloux, malgré ce qu'on peut penser, c'est surtout que ça m'amuse. Il faut dire que j'ai déjà trouvé chaussure à mon pied, mais c'est vrai que si ma copine n'avait pas fait le premier pas, je crois que je serais encore en train de ramer... Jérôme, lui, collectionne les filles, au point que je me demande s'il ne préfère pas plutôt séduire qu'être en couple... Mais bon, si j'étais à sa place, pourquoi me priverais-je ? »

Pierre, 27 ans

Un peu de théorie

Une séduction omniprésente dans notre quotidien

La séduction, il est parfois bon de le rappeler, fait partie intégrante et est même à l'origine de notre processus de reproduction. Elle fait intervenir l'aspect le plus animal de chez chacun d'entre nous, le plus sommaire, le plus basique et donc le plus inconscient de notre personnalité. À ce titre, c'est peut-être l'un des domaines de notre existence qui repose le plus sur notre capacité à savoir déchiffrer la communication non verbale d'autrui. On pourrait même dire qu'il ne peut y avoir séduction s'il n'y a pas, de part et d'autre, les bons gestes et les bonnes mimiques, que ce soit pour signaler notre disponibilité, notre intérêt ou encore notre capacité d'abandon à l'autre...

La communication non verbale est donc omniprésente dans les situations de séductions, que l'on veuille séduire ou montrer que l'on est séduit par l'autre. D'ailleurs, tout humain, quel qu'il soit, évalue lors de sa première rencontre avec quelqu'un le potentiel sexuel de son interlocuteur (et est évalué de la même manière). Ainsi, nous recevons et envoyons quasiment constamment des messages sexuels, que ces derniers soient positifs ou négatifs.

Alors quels sont ces gestes qui séduisent chez l'homme ? Comment un homme peut-il, via sa gestuelle ou son apparence, faire la différence et « sortir du lot », surtout à l'heure actuelle, où le physique est tellement valorisé et la concurrence tellement rude ? Avant de répondre à cela, il faut d'abord étudier la séduction sous un jour... historique.

L'homme viril

Si on étudie la séduction humaine d'un point de vue évolutionniste, le positionnement de l'homme par rapport à sa partenaire est très simple : il doit montrer à la femme qu'il représentera la partie « forte » du couple, qu'il assumera son rôle protecteur et qu'il sera capable de subvenir à ses besoins de sécurité. Pour prouver qu'il pourra faire tout cela, l'homme doit donc surjouer son côté « mâle » face à la personne qu'il veut séduire. Cela ne veut évidemment pas dire qu'il doit forcément mettre en avant son torse bombé et poilu ou ses muscles en acier... Car même si le physique est important, c'est la gestuelle qui l'emporte sur lui. Et la gestuelle est bien, elle, celle d'un mâle dominant... Car oui ! Un homme séducteur, c'est un homme viril, qui n'a pas peur de dominer les autres. Évidemment, cette domination peut se manifester de différentes manières : elle peut passer par un compte en banque bien garni (le costume de marque et la belle montre qui vont avec), une voiture de sport très « phallique », ou encore par une gestuelle très agressive sexuellement...

Certaines personnes diront que ces hommes-là sont des stéréotypes dépassés. Et ce n'est pas faux. Il est vrai que l'évolution de l'homme et de la société en général nous a donné l'impression que nous avions dépassé ces clichés. Et on ne peut nier que beaucoup de femmes peuvent préférer les hommes fragiles et enfantins... Mais notre gestuelle, elle, se moque bien de notre évolution ! Elle reste très archaïque...

Un zeste de domination...

Donc, pour plaire à une femme, un homme se doit d'exacerber son côté dominant (tout en restant attentionné et doux !).

Ainsi, il maîtrisera ses mimiques faciales le plus possible, laissant entendre par là que rien ne peut le perturber. Sa gestuelle sera celle d'une personne qui est sûre d'elle, de l'image qu'elle renvoie, de son territoire : le séducteur est quelqu'un qui prend de l'espace. Ainsi, quand il s'assoit, peut-il garder les jambes écartées, prouvant par là qu'il est « disponible » sexuellement. Le séducteur fait également des gestes amples, en bougeant le plus possible ses mains loin du corps et en changeant très souvent de position. De même, il a tendance à rentrer dans l'espace intime de sa partenaire, que ce soit pour ramasser un objet tombé près d'elle ou pour lui tenir la porte... Par exemple, de manière naturelle, il aura tendance à placer ses pieds dirigés vers elle, dans son espace à elle. Il aura aussi tendance à « bomber le torse », pour se faire plus grand et plus imposant. En fait, plus la femme est féminine, plus l'homme se masculinisera. Effectivement, un homme mis en présence d'une femme qu'il trouve séduisante prendra naturellement une voix plus grave...

Cependant, même si les gestes de l'homme sont importants dans la séduction, ce dernier ne peut rien faire... tant que la femme ne lui a pas envoyé les bons signaux ! Car oui, c'est souvent la femme qui fait le premier pas, tout en faisant croire à l'homme que c'est lui qui a fait son choix...

À RETENIR

Tout est séduction ?

En effet, la séduction est profondément ancrée dans notre patrimoine génétique (puisqu'elle précède et commence la reproduction… en théorie !). Ainsi, au quotidien, nous passons notre temps à évaluer de façon inconsciente le potentiel sexuel des personnes que nous croisons, et à multiplier les signaux sexuels, que ces derniers soient positifs ou négatifs.

Évolution et stéréotypes

D'après toutes les études sur le sujet (et malgré l'évolution des codes sociaux), ce qui séduirait le plus les femmes, ce serait tout simplement des hommes très… masculins ! Car plus un homme exacerberait ses qualités de mâle, plus la femme aurait l'impression qu'il est capable de la protéger… qualité première demandée par la gent féminine !

Domination et séduction

Ainsi, l'atout principal d'un homme séduisant serait sa capacité à montrer qu'il domine la situation et, accessoirement, les autres mâles. Sa communication non verbale serait donc axée sur ce critère : territoire marqué, gestes amples, voix grave, etc. On peut cependant se demander si ce schéma résistera longtemps à une société de plus en plus androgyne.

L'attitude de cow-boy

Cette attitude peut paraître très stéréotypée, mais c'est (malheureusement ?) encore aujourd'hui un classique masculin ! Jambes légèrement écartées, pouces dans les poches (les mains encadrant ainsi l'entrejambe) et regard de vrai dur : allez faire un tour en boîte de nuit si vous ne le croyez pas !

La cigarette virile

Un homme a deux façons de tenir sa cigarette : soit entre le pouce et l'index, à la « cow-boy », soit en tenaille, entre le majeur et l'index. Mais les hommes, au lieu de montrer l'intérieur du poignet ou de le « casser » comme les femmes, montrent au contraire leurs jointures, plus agressives.

Cigarettes et distances

La façon dont on vous tend un paquet de cigarettes est parlante en situation de séduction. Si la personne tend le bras vers vous sans que vous ayez à vous déplacer, l'enjeu est quasi nul. Si en revanche elle vous oblige à vous déplacer ou à vous pencher vers elle, alors vous avez encore une chance !

L'augmentation du volume

Tout comme certains mâles chez nos amis les animaux, les hommes séduisent aussi en « augmentant leur volume global ». Ainsi, un homme qui fait la cour à une femme aura plus volontiers les jambes écartées, le torse bombé et les bras en pronation (coudes vers l'extérieur) pour prendre plus de place...

L'étalage des signes de richesse

Les féministes en seront horrifiées, mais la majorité des femmes trouvent qu'un homme qui paraît riche est plus attirant que le même avec l'air pauvre, car qui dit richesse dit sécurité. Et les hommes l'ont bien compris, en achetant de grosses voitures, de belles montres, de beaux costumes...

L'invasion du territoire

Quand un homme veut séduire une femme, l'un de ses premiers réflexes sera de se rapprocher d'elle, pour « envahir » son territoire et sa « sphère intime », c'est-à-dire son espace personnel. Et la réaction de la femme est en général immédiate : soit elle recule, soit elle encourage l'invasion...

Se caresser le visage ou la tête

Pour séduire, hommes et femmes utilisent ces mêmes gestes. Que ce soit pour remettre une mèche derrière l'oreille, encadrer son visage avec ses mains, ou se masser le lobe de l'oreille, nous le faisons tous ! Pourquoi ? Parce que cela attire le regard de l'autre et l'invite à faire la même chose…

Le contact visuel

On ne peut dissocier séduction et regard. Ainsi quand un homme plaît à une femme, elle le lui dit en le regardant longuement une ou deux fois, puis en évitant de le regarder, ou en le faisant à la dérobée. Les hommes sont un peu moins subtils et ont tendance à regarder leur proie longtemps. Point.

Sourire et tête penchée : qu'est-ce que ça veut dire ?

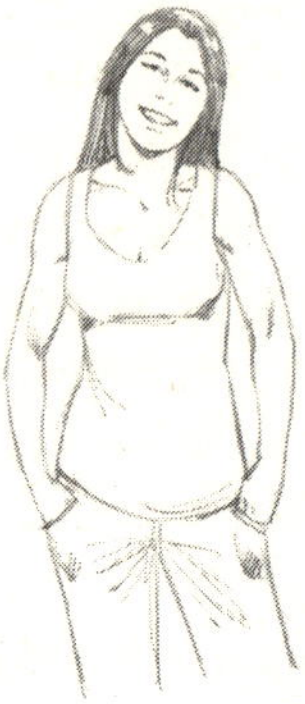

Une femme vous sourit, la tête penchée sur le côté ? C'est un bon signe ! C'est que cette personne cherche à vous amadouer, vous séduire, ou est amadouée par vous ! En effet, ce geste est l'équivalent, si l'on peut dire, des oreilles baissées des chiens, qui est plutôt un geste de soumission, pour paraître plus sympathique. C'est aussi le geste par excellence de la séduction féminine, car les hommes ont tendance, eux, à exprimer plutôt leur virilité que leur fragilité devant ces dames…

Comment les femmes séduisent-elles ?

Les femmes prennent l'initiative en séduction, paraît-il, même si les signes envoyés peuvent paraître plus ou moins subtils. Ainsi, quand une personne leur plaît, et même si la « drague » n'est pas directe, elles ont soin de bien montrer leur « ouverture » d'esprit, en valorisant leurs points forts : cheveux longs, épaules délicates… Et c'est finalement le côté « enfantin », voire soumis, qui ressort le plus, même si cela peut, on vous l'accorde, paraître vieux jeu ou désuet, voire macho.

Comment les hommes séduisent-ils ?

N'en déplaise aux féministes, la séduction est encore un domaine où les hommes aiment jouer les dominants. Ainsi, un homme séduisant sait montrer sa puissance, son statut, bref, faire « mâle » pour espérer charmer une demoiselle, et cela est vrai même à notre époque « métrosexuelle », où on aime jouer avec les codes. Attendez-vous donc à des gestes amples, couvrant un large périmètre ou à des jambes carrément écartées en position assise, prouvant la « disponibilité » de leurs propriétaires...

Que représentent les hanches d'une femme ?

Connaissez-vous le pourcentage clef concernant ce qui attire les hommes quand ils regardent une femme ? 70 %. Ce serait en fait le rapport « idéal » chez une femme entre son tour de taille et ses hanches. Vous auriez donc un maximum de chances de trouver un partenaire si votre tour de taille représente 70 % de votre tour de hanches ! Les évolutionnistes estiment que ce ratio serait celui garantissant la plus grande fertilité chez une femme...

Que révèlent nos bijoux ?

La façon dont nous nous en servons n'est en effet pas anodine. Par exemple, connaissez-vous une personne qui passe son temps à « mâchouiller » sa chaîne ? C'est certainement une personne anxieuse, qui reproduit un geste infantile quand elle a besoin de se rassurer. D'autres sont toujours en train de tendre leur chaîne autour du cou, comme si elle les étouffait : et c'est de fait un signe de malaise face à une situation qui leur paraît compliquée, ou face à quelqu'un qui paraît trop possessif !

Pourquoi certaines jeunes femmes triturent-elles leurs cheveux ?

Quand on imagine une femme qui enroule une mèche de cheveux autour de son index, c'est souvent le stéréotype de la jeune femme un peu idiote et enfantine, mais ce n'est pas toujours vrai... En effet, ce geste est souvent une façon de construire une sorte de barrière entre elle et le monde extérieur : une façon de se protéger pour rêver donc. En revanche, la personne qui touche ses cheveux toutes les deux secondes est souvent une narcissique qui souhaite se rassurer sur son pouvoir de séduction !

Gestes symétriques et asymétriques : que traduisent-ils ?

Il existe des gestes et des postures symétriques et d'autres asymétriques. Ce n'est pas toujours parlant, mais en règle générale, les gestes symétriques sont censés marquer une certaine contraction (et donc un malaise) chez votre interlocuteur qui essaie de masquer ses émotions ou de contrôler ses mouvements. Au contraire, les gestes asymétriques sont plutôt le signe d'une situation libérée, sans entrave et sans malaise : votre interlocuteur s'exprime naturellement, sans penser à ses mouvements.

Les gestes de la main gauche et de la main droite ont-ils la même signification ?

Selon les synergologues, nous ne voulons pas dire les mêmes choses selon que nous faisons nos gestes de la main gauche ou de la main droite. Tout simplement parce que c'est le cerveau gauche (celui de la loi, de l'ordre, de la logique, de la pratique) qui commande notre main droite et notre cerveau droit (celui des émotions, de l'imaginaire, de la créativité) qui commande notre main gauche. Pas étonnant qu'on jure sur la Bible avec la main droite, et qu'on mette l'alliance à la main gauche !

SE METTRE EN VALEUR GRÂCE AU LANGAGE DES GESTES

Contrôler son langage corporel peut permettre d'avoir l'air plus confiant, de gagner en charisme, de captiver son auditoire ou encore de réussir un entretien d'embauche !

Acquérir du charisme

« En imposer, pour ne pas avoir à imposer, voilà en quoi consiste le charisme. »

François Proust

Témoignage

« Je travaille dans une entreprise qui vend de l'équipement pour l'irrigation, et ce dans toute la France. Je fais partie d'une équipe de vendeurs. Nous nous déplaçons toute la journée pour aller voir les professionnels (des agriculteurs en règle générale) et vendre nos équipements. Dernièrement, l'activité a pris un sérieux coup au moral (l'agriculture va très mal en France), et notre directeur commercial s'est fait virer il y a deux mois, parce que ça faisait un bon moment que ses chiffres n'atteignaient pas les objectifs de la boîte. Bref, un nouveau directeur technique est arrivé il y a environ un mois, et tout ce que je peux dire, c'est qu'il a l'air d'être d'une autre trempe que l'ancien ! Je dis ça parce que déjà, quand l'ancien directeur faisait une réunion ou une conférence, pour nous parler des résultats par exemple... on ne l'écoutait jamais. Il faut dire qu'il semblait toujours se cacher derrière son ordinateur, et qu'il parlait souvent trop vite et quasiment à voix basse... du coup, on l'entendait mal et même si on essayait de l'écouter malgré le brouhaha, on se lassait au bout d'un moment... Avec le nouveau, Monsieur Desmoulins, le changement est impressionnant ! On entendrait presque une mouche voler pendant les meetings ! Il est vraiment à l'aise quand il parle en public, et je crois que, même si les résultats sont encore à voir, ça nous rassure tous de voir qu'il y a quelqu'un de dynamique à la barre... Comme dirait l'autre... Pourvu que ça dure ! »

Jean-Michel, 30 ans

Un peu de théorie

Qu'est-ce que le charisme ?

Le charisme est une qualité et un concept difficiles à définir, car il est assez vague, voire subjectif. En général, on qualifie une personne de charismatique quand on la remarque tout de suite, de façon positive, et qu'elle dégage une certaine présence, une aura, qu'elle éclipse toutes les autres. Une personne qui arrive, par la façon dont elle s'exprime, à emporter l'adhésion de tous et même à provoquer l'enthousiasme de ceux qui l'écoutent. Le charisme est ainsi une aide précieuse pour le leader, le manager, ou même pour toute personne amenée à s'exprimer devant un public et qui doit le convaincre ou l'intéresser.

Mais concrètement, comment se manifeste le charisme ? En fait, il y aurait deux sortes de charisme : tout d'abord, le charisme intellectuel, qui dénote un esprit vif, prompt à trouver des arguments ou à manier l'humour facilement, et ensuite, il y a le charisme physique, qui démontre notamment une grande aisance, une assurance certaine dans sa communication non verbale. Le problème, c'est qu'être vraiment charismatique, c'est posséder les deux genres pour capter l'attention de son public… Par exemple, quelqu'un peut écrire des discours passionnants, d'une grande finesse, mais ceux-ci peuvent n'avoir aucun impact sur les personnes qui écoutent dans la mesure où ils ne sont pas dits de la bonne façon… trahissant ainsi une fragilité et un manque de leadership certains. Alors, comment s'appuyer sur la communication non verbale pour augmenter son charisme ?

Occuper l'espace

En effet, il n'y a rien de pire que quelqu'un qui parle caché derrière son ordinateur ou son micro, qui n'articule pas, qui ne parle pas assez fort ou qui reste immobile pendant son intervention : c'est la sieste assurée pour ceux qui écoutent et la déception pour l'orateur ! Ainsi, si vous avez l'occasion de parler devant plusieurs personnes, et si cela est possible, évitez de rester assis sur votre chaise et n'hésitez pas à vous déplacer dans la pièce. Faites-le de façon mesurée : évitez les allers-retours ou les « avants-arrières » impulsifs et stressants, qui ne sont qu'une autre façon de montrer son trac. Cadencez au contraire votre pas sur vos paroles : cela leur apportera du dynamisme et rythmera aussi votre respiration. De plus, cela peut aussi vous déstresser, en libérant la tension et l'énergie négative que vous pouvez avoir accumulées à cause du trac. Enfin, il est important de varier les distances entre vous et votre « public » pour éviter la monotonie et impliquer un peu plus ceux qui vous écoutent : restez à une distance comprise entre 1 et 5 mètres environ de vos interlocuteurs. Plus près : ce serait gênant pour eux ; plus loin : ils se sentiraient moins impliqués et pourraient bavarder facilement. D'ailleurs, si vous voulez provoquer des échanges, cela sera plus facile si vous êtes plus proche, surtout si vous avez en face de vous des personnes timides. N'oubliez pas, enfin, de regarder toutes les personnes présentes en balayant l'assistance du regard.

Laisser son corps s'exprimer de façon adéquate

L'important est de trouver un équilibre. Ne faire aucun geste ou bien en faire trop, voilà le risque ! Le mieux, au niveau de la posture, sera de se tenir dans une position droite mais pas tendue, avec les pieds bien ancrés dans le sol, légèrement écartés, et sans jamais tourner le dos à votre public. Gardez la tête bien droite, ne regardez pas vos pieds ni ce qui se passe dehors à travers la fenêtre, mais devant vous. Enfin, pensez à garder une gestuelle aussi ouverte que possible, sans tomber dans la soumission : évitez de croiser les bras et de faire des gestes en dessous de la ceinture : mettre vos mains dans les poches ou en position « cow-boy », les pouces dans la ceinture, ceci n'est pas très indiqué non plus et serait un peu trop familier ! Évitez aussi les autocontacts au niveau du visage ou de la tête : se caresser les cheveux, se gratter le nez ou l'oreille sont autant de gestes de réassurance, qui prouvent donc à votre entourage que vous manquez d'aisance, de confiance ou que vous ne croyez pas vraiment ce que vous dites.

Le secret, c'est de ne faire que des gestes qui signifient quelque chose, c'est-à-dire utiliser son corps pour marquer ses paroles et non pour brasser de l'air : par exemple, vous pouvez marteler vos idées importantes avec le poing, ou encore faire un trois avec vos doigts et marquer la pose si vous avez trois idées à énumérer. En outre, cela facilitera la mémorisation de ce que vous avez à dire, en ajoutant un élément visuel à votre discours.

À RETENIR

Deux types de charisme

En effet, on parle de charisme intellectuel, qui est l'aisance dans le maniement et l'utilisation des idées, et le charisme physique, qui est le fait d'utiliser son corps avec assurance pour capter l'attention du public et la garder. Les deux charismes sont intimement liés, et il ne faut négliger ni l'un ni l'autre pour être véritablement charismatique.

La proxémie au service du charisme

La façon dont vous vous déplacez, la façon dont vous occupez l'espace, la distance que vous mettez entre vous-même et ceux qui vous écoutent, ce sont trois données importantes à prendre en compte si vous voulez garder leur attention. Il faut impliquer physiquement votre audience dans votre discours si vous voulez véritablement faire une impression durable.

Les bons gestes

Une personne charismatique sait trouver l'équilibre entre rigidité et mobilité excessive, que ce soit dans la posture générale ou les mouvements des bras. Les gestes devront être réfléchis et utiles : ils serviront à marquer et rythmer les moments importants de votre discours, en ajoutant une vraie dimension visuelle aux mots que vous prononcerez.

L’évaluation des distances

Si vous devez parler face à un groupe, il est capital de bien évaluer votre distance face à lui. Si vous souhaitez les interpeller et retenir leur attention, rapprochez-vous d’eux, et évitez de mettre un ordinateur entre eux et vous. Rien de pire qu’un orateur caché derrière sa séquence Powerpoint !

Les auto-contacts

Les auto-contacts sont tous les gestes dirigés vers soi, et plus particulièrement vers son propre visage. Ce sont en général des gestes qui calment l’anxiété que l’on peut ressentir... mais qui la montrent aux autres aussi du même coup ! Évitez donc de vous gratter le nez ou le cou, de vous toucher la bouche...

© Oliver

© Oliver

Les cent pas

Faire les cent pas n'est pas conseillé quand on parle face à un groupe ou à un client ! Cela oblige l'interlocuteur à vous suivre constamment, et à se demander pourquoi vous bougez sans cesse. De plus, c'est interprété comme un signe de nervosité, même si vous avez naturellement la bougeotte !

Regarder tout le monde

Face à plusieurs personnes, nous avons tendance à ne regarder personne, à laisser flotter notre regard, ou encore à fixer une seule d'entre elles (qui se situera plutôt à droite pour les droitiers, à gauche pour les gauchers). Pensez donc à toujours balayer l'ensemble de l'assistance d'un regard appuyé.

Je suis charismatique !

« Le charisme, c'est avoir confiance en soi et donner confiance autour de soi. »

Nicolas de Tavernost

Témoignage

« Je n'ai jamais été une personne que l'on aurait pu qualifier de charismatique : je suis de taille moyenne, j'ai les yeux marron et des cheveux châtain foncé, je suis ni très gros ni très maigre... Bref, monsieur Lambda. D'ailleurs, je dis souvent que je serais sûrement l'espion parfait parce que contrairement à Sean Connery, personne ne me remarquerait, moi ! Bon, évidemment, vous vous doutez bien qu'avec ce jugement sur moi-même, je n'ai jamais eu une confiance en moi débordante ! Mais tout ou presque a changé quand j'ai commencé à prendre des cours de théâtre. Je m'étais lancé là-dedans comme dans un défi, en me disant que ça me ferait rencontrer des gens aussi et au début, je me suis senti vraiment très mal. J'avais l'impression de faire n'importe quoi devant les autres élèves et d'être vraiment nul ! Mais notre professeur, Kalima, était vraiment bienveillante et elle m'a poussé à me dépasser, à ne pas avoir peur de mon corps. Elle m'a aussi appris à assumer mes gestes (parce que sur scène, un geste pas assumé fait tout de suite étriqué). Maintenant, je suis toujours ce petit bonhomme passe-partout, mais j'ai pris confiance en moi sur scène. Je ne pense plus à ce que les autres peuvent penser de moi, je reste concentré sur moi, mon texte, mon jeu, mes émotions. Et sincèrement, ça m'a vraiment beaucoup servi au travail. Pour vous dire, la dernière fois, j'ai assuré une présentation difficile devant des clients super prestigieux et ce, sans trembler ! »

Pierre, 46 ans.

Un peu de théorie

Le charisme, une question de langage corporel ?

Définir le charisme est assez complexe, car il évoque aussi bien des noms de stars hollywoodiennes, des patrons de multinationales, des séducteurs du quotidien que des gourous de sectes classées comme dangereuses… En général, on peut cependant dire que les idées de charisme et de succès semblent liées… Mais comment cela se fait-il ? Et qu'est-ce qui fait qu'une personne est charismatique… ou pas ?

Selon le dictionnaire, le charisme d'une personne définit sa capacité à séduire, à influencer, à mener, voire à fasciner d'autres personnes. C'est donc une caractéristique plutôt connotée positivement, même si une personne charismatique peut très bien, encore une fois, se révéler être un dangereux personnage !

Alors sur quoi cette notion se fonde-t-elle ? Là, les réponses sont plus floues : le discours, le comportement, les convictions de l'individu semblent être une partie des composantes du charisme. Mais toutes les définitions de ce terme se réfèrent aussi à l'attitude de la personne, à sa capacité à « en imposer » par sa seule présence, à la façon dont elle montre sa personnalité naturellement. Ces derniers éléments nous permettent enfin de dire que le charisme se base donc sur la façon dont le corps s'exprime : son apparence évidemment, mais aussi sa démarche et sa façon de bouger, sa façon de s'exprimer, les mimiques du visage etc. Alors, la question est : peut-on devenir plus charismatique en changeant son langage corporel ?

Occupez l'espace

Le charisme est caractérisé par une certaine aisance corporelle. Ainsi, si vous avez une présentation à faire ou un discours (devant des clients, les directeurs de votre groupe ou au mariage de votre sœur par exemple !), ne restez pas derrière votre ordinateur si vous avez prévu une présentation PowerPoint ! L'informatique est d'ailleurs le pire ennemi du charisme. Une bonne préparation est nécessaire pour s'en servir intelligemment. Il faut notamment savoir faire beaucoup de choses en même temps : utiliser une télécommande et penser à faire défiler les slides au bon moment, bouger, marcher, parler en regardant ceux qui écoutent, etc.

Ensuite, pensez à occuper tout l'espace disponible. Le plus important est déjà de discourir debout et de se sentir libre de ses mouvements. Cela signifie déjà de ne pas s'encombrer d'objets inutiles (comme un stylo que l'on triture frénétiquement) et d'être à l'aise dans ses vêtements (inutile donc, mesdames, d'étrenner de nouvelles chaussures à talons si vous n'avez pas l'habitude d'en porter lors de cette présentation importante). Ensuite, pensez à garder une attitude détendue sans être désinvolte : les pieds fermement ancrés dans le sol et le dos bien droit, mais les bras et le visage bien mobiles. Si vous vous sentez bien, faites des mouvements francs, assumés, mais évitez les dandinements d'une jambe sur l'autre et autres micromouvements qui parasitent votre attitude.

Servez-vous de vos gestes pour ponctuer votre discours

Une personne charismatique n'a pas peur de faire des mouvements amples et mesurés pour ponctuer le discours et mettre en exergue ses points clefs. Comme le dit Pierre, il ne faut jamais avoir peur d'assumer ses gestes, voire de les théâtraliser un petit peu, car les auditeurs sentent très vite si l'orateur est à l'aise dans son corps : si ce n'est pas le cas, ses gestes seront étriqués, comme stoppés dans leur élan... Le mieux est de faire des « gestes supports », qui viennent donc appuyer les paroles. Si, par exemple, vous avez trois points à développer, annoncez votre plan en faisant un « un », puis un « deux », puis un « trois » avec votre main levée et dirigée vers le public.

Ensuite, lorsque vous abordez un point important, faites d'abord une pause, pour mettre en valeur cette partie, puis approchez-vous de votre public pour bien capter son attention. Vos déplacements doivent d'abord servir à impliquer ceux qui vous écoutent. Pensez d'ailleurs à balayer l'ensemble des personnes présentes du regard et n'hésitez pas à provoquer des contacts visuels avec certaines d'entre elles régulièrement (notamment les personnes décisionnaires ou de pouvoir en cas de réunion de travail).

Enfin, évitez le plus possible les autocontacts, c'est-à-dire les gestes qui trahiront votre gêne. Ce sont, entre autres, les gestes dirigés vers le visage ou vers le col (se gratter le nez ou le cou par exemple). Et, bien sûr, souriez !

À RETENIR

Le corps, clef du charisme

Une personne charismatique a un don (qui peut se travailler !) : celui de séduire, influencer ou mener d'autres personnes, notamment en dégageant une confiance en soi rassurante et stimulante. Mais comment acquérir ce fameux charisme ? En travaillant notamment sur son attitude physique, sa démarche, son langage corporel, sa voix, son sourire…

Une question d'espace…

En effet, la première chose qui indique qu'une personne a confiance en elle est sa manière d'occuper l'espace autour d'elle : plus elle l'investit et prend de la place, plus elle semble à l'aise. Ainsi, pour paraître charismatique, il faut déjà éviter d'avoir l'air replié sur soi mais bouger amplement, sans avoir peur de faire des mouvements larges.

Des gestes qui viennent appuyer les paroles

Pour paraître vraiment charismatique, l'important est de paraître cohérent notamment en faisant correspondre les gestes et les paroles. Le mieux est d'utiliser les premiers pour mettre en valeur les secondes. Mais attention ! Toute incohérence dans le langage corporel parasite le discours : dandinements, micro-mouvements, autocontacts, regards fuyants…

Le silence

Le silence est un des meilleurs outils de l'orateur : il impose le respect, surtout s'il est accompagné d'une présence forte. Avant de parler, en réunion ou si vous faites une présentation, attendez donc toujours que le silence soit complet avant de parler. Vous y gagnerez beaucoup de charisme.

© Oliver

S'accrocher au pupitre

Avez-vous déjà vu ces orateurs, lors de leurs discours enflammés, les bras crispés et fléchis sur le pupitre qu'ils accrochent avec force ? Cette gestuelle est plutôt agressive, une sorte d'agressivité larvée, qui donne un effet énergique et transmet l'idée que l'orateur est combatif et persévérant.

© Oliver

Se caresser le menton

Votre interlocuteur vous regarde pendant que vous parlez en se caressant le menton du pouce et de l'index. Ce geste est un geste évaluatif. Cette personne vous jauge, mesure les risques, bref elle est en train de peser le pour et le contre de votre proposition. Continuez donc à argumenter !

Les paumes autoritaires

Les paumes de la main, quand elles sont cachées (c'est-à-dire dirigées vers le bas), peuvent révéler ou confirmer votre autorité. En effet, les gestes dans lesquels les paumes sont dirigées vers le bas sont des gestes dominants, autoritaires, voire guerriers (on pense notamment au salut nazi).

Sourires et rires

« Le sourire est un trésor. Il n'est pas nécessaire qu'une personne soit jolie ; il faut qu'elle soit aimable. L'habitude d'un sourire peut refaire un visage. »

Ernest Ouellet

Témoignage

« Je travaille comme agent d'accueil, dans une banque. Je n'aime pas vraiment mon travail, mais j'ai dû trouver ça comme job d'appoint, même si j'espère ne pas avoir à rester trop longtemps dans ce milieu... Par contre, même si ce n'est pas le job de ma vie, je m'efforce toujours de paraître aimable et bien lunée... Je crois que c'est une question de conscience professionnelle, et puis je considère que ce n'est pas la faute des clients si je n'aime pas mon boulot... et qu'ils n'ont donc pas à en subir les conséquences. Sans compter les remarques qui ne manqueraient pas de fuser de la part des collègues, si j'avais une tête de croque-mort... Quand on est comme moi en CDD et qu'on a besoin d'argent, on essaie de ne pas se faire remarquer !

Alors quand je vais au travail le matin, dans la voiture, j'essaie de me mettre en condition pour passer une bonne journée : j'essaie de faire le vide dans ma tête avec quelques exercices de respiration qu'une copine m'a appris (en même temps cela m'évite de penser aux bouchons et aux coups de klaxons intempestifs...). Une fois arrivée à la banque, je souris le plus possible... Du coup, je suis bien vue par tout le monde !

Le pire (ou le meilleur !), c'est que finalement, à la fin de la journée, je suis souvent beaucoup mieux lunée que le matin... Et mon sourire commercial finit parfois, presque malgré moi, par être remplacé par un vrai sourire ! Alors je me dis : "Comme quoi, à force de sourire, on finit par se mettre soi-même de bonne humeur !" »

Delphine, 34 ans

Un peu de théorie

Le sourire, un vrai lien social

Les sourires peuvent avoir un vrai effet sur notre moral et notre humeur, et ceci peut s'expliquer de trois façons différentes. Première explication : On obtient souvent un sourire en échange du nôtre ce qui rend les rapports agréables. Le fait de sourire permet de donner une image plaisante de soi et d'être en même temps ouverte aux autres. Et comme la communication est un échange, une personne souriante a évidemment plus de chances de recueillir des feed-back positifs qu'une personne qui fait la tête ! Le sourire est un vecteur de lien social positif, qui permet d'avoir de meilleures relations avec les autres, et donc, accessoirement, de se sentir mieux.

Deuxièmement, le sourire permet aussi de rentrer dans les bonnes grâces d'une personne, surtout si cette dernière est considérée comme dominante : comme le dit un proverbe, « un sourire désarme la colère » ! En effet, sourire est un moyen d'apaiser des tensions. De fait, il est prouvé que les personnes qui adoptent des attitudes de soumission sourient plus que les autres, ils utilisent le sourire comme une arme pour amadouer l'autre et ainsi prévenir les conflits potentiels... Même si, en vérité, ces sourires sont en général de faux sourires, c'est-à-dire des sourires purement sociaux. Les dominants, eux, sourient moins, mais leurs sourires sont plus souvent de vrais sourires... Pourquoi ? Parce qu'eux sourient quand ils le veulent vraiment, et non pas pour désamorcer un conflit ou rentrer dans les bonnes grâces de quelqu'un !

Le sourire placebo?

Troisième explication : nous savons que nous sourions quand nous ressentons des émotions positives. Mais il semblerait que le fait de sourire de façon « préventive » aiderait également à améliorer notre humeur. Pour comprendre ce miracle, il faut d'abord comprendre un concept appelé « dissonance cognitive ». Selon ce concept, l'homme cherche à garder une certaine cohérence entre ce qu'il pense (ses opinions, ses émotions) et ce qu'il fait (ses actes à proprement parler). Effectivement, si par exemple vous savez que ce n'est pas bon pour votre cholestérol de manger du fromage (pensée), et que vous en mangez quand même (acte), vous manquerez de cohérence avec vous-même et éprouverez une sorte de tension psychologique très inconfortable, que l'on appelle donc dissonance. Et votre but sera alors de réduire cette tension. Plusieurs choix s'offriront à vous. Premièrement, vous pourrez arrêter de manger du fromage, ce qui serait la solution la plus sage. Mais malheureusement, c'est la deuxième solution que vous aurez tendance à choisir : vous vous direz plutôt : *« Bon, juste un petit bout, ça ne peut pas me faire du mal... »* Vous préférerez donc modifier ce que vous pensez plutôt que modifier ce que vous faites... C'est exactement la même chose pour le sourire ! Si vous souriez (acte), mais que vous êtes de mauvaise humeur (pensées), vous préférerez, à terme, modifier ce que vous avez dans la tête plutôt que continuer à faire semblant de sourire... Pratique, n'est-ce pas ?

Le rire, un véritable antidépresseur

Le sourire n'est pas la seule chose qui peut nous redonner le moral. en effet, le rire est, à lui tout seul, un antidépresseur beaucoup plus efficace que le sourire ! Et il a un avantage indéniable, celui de fonctionner immédiatement, d'être vraiment à portée de main, de ne rien coûter et de ne demander aucun effort ! Effectivement, le rire est extrêmement efficace au niveau psychologique, car il entraîne d'abord un grand bien-être, une détente automatique au niveau physiologique et une grande joie. Par exemple, quand nous rions, nous opérons une série de contractions/décontractions au niveau du diaphragme, ce qui agit notamment sur les poumons (certains chercheurs disent que cette action favoriserait l'apport d'oxygène et l'évacuation du dioxyde de carbone, mais cela reste à prouver), mais aussi sur les abdominaux (rien de tel qu'un bon fou rire pour faire marcher ses abdominaux !) et sur l'appareil cardio-vasculaire (ce qui aiderait à réduire les risques d'infarctus du myocarde). Ce massage interne couplé à la libération d'endorphines (les hormones du plaisir) serait ainsi responsable de la sensation de bien-être après un fou rire…

De plus, d'une façon plus globale, le fou rire réduit les tensions musculaires dans le corps et aide ainsi à réduire l'agressivité chez les personnes tendues. On dit bien que l'humour peut aider à résoudre un conflit, et c'est en partie grâce au rire ! En bref, rire est bon pour la santé, qu'elle soit mentale ou physique d'ailleurs…

À RETENIR

Le sourire : arme sociale de séduction massive

Le sourire est en effet un moyen très efficace d'avoir des relations interpersonnelles gratifiantes : il est évident que l'on a tendance à privilégier les personnes souriantes aux personnes moroses. Parallèlement à cela, le fait de sourire (que ce soit un vrai ou un faux sourire) serait une caractéristique des personnes dominées plutôt que dominantes.

Sourire pour aller mieux

Mais sourire aurait aussi un autre effet tout aussi bénéfique, qui agirait cette fois-ci sur la personne qui sourit ! Sourire nous aiderait en effet à « voir la vie du bon côté », grâce à un phénomène psychologique que l'on appelle la dissonance cognitive : nos actes influeraient plus sur nos pensées que ces dernières n'auraient de pouvoir sur nos actes...

Rire est très bon pour la santé !

Les experts en « rigologie » ne s'y trompent pas, même si leur thèse peut faire sourire au premier abord ! Le rire implique en effet des réactions physiologiques positives, qui influencent directement notre humeur via notamment certaines hormones comme les endorphines. De plus, rire nous aide à conserver des abdominaux en acier ! Que demander de plus ?

Le faux rire

Ce type de rire n'indique pas forcément un mensonge : seulement un rire complaisant, condescendant ou forcé. Il se caractérise par un corps penché vers le bas (le son du rire s'enfonçant vers le sol), et éventuellement une main en visière sur le front, qui cache des yeux qui, eux, sont loin de rire.

Les faux sourires

On peut différencier un faux sourire d'un vrai sourire principalement grâce à deux détails. Le premier, c'est que le sourire ne s'étend pas aux yeux, qui restent froids ou anxieux. Et le deuxième, c'est que ce sourire est souvent asymétrique : les lèvres se relèvent plus d'un côté que de l'autre.

Le sourire sincère

Pour mettre vos interlocuteurs en position d'écoute, rien de mieux qu'un vrai sourire ! Mais attention, un sourire sincère se reconnaît immédiatement. En effet, quand on sourit vraiment, les zygomatiques s'agitent il est vrai, mais les muscles oculaires sourient aussi et font pétiller les yeux !

Les mains croisées

Quand vous croisez les mains devant vous, coudes sur la table, cela signifie que vous êtes frustré, et ce même si vous gardez le sourire (qui du coup peut paraître forcé d'ailleurs). On peut voir ce type de geste lors de négociations par exemple, quand l'un des négociateurs commence à perdre espoir !

Travailler sa respiration et sa voix

« C'est toujours les voix qui restent au final, c'est aussi toujours par elles que ça commence, une voix plus une oreille ; deux fils de soie impalpables et un pavillon ! »

Jean-Jacques Schuhl

Témoignage

« Il y a quelques années, après mon divorce, je cherchais une activité de détente à faire lors de mes temps libres, et je me suis naturellement tourné vers le théâtre : j'ai toujours aimé la littérature et les arts vivants, et ma nouvelle amie en faisait déjà depuis longtemps, en amateur, bien sûr. J'ai cherché en priorité des cours plutôt associatifs, avec des tarifs raisonnables, et j'ai trouvé une Compagnie de Théâtre près de chez moi. Dès le premier cours, j'ai trouvé que la pratique du théâtre était une activité très complète, que ce soit sur le plan physique ou sur le plan intellectuel : nous travaillions beaucoup avec le corps, surtout au début, pour nous permettre de nous dépasser physiquement. Nous faisions notamment des exercices de respiration à chaque séance. Amélie, la prof de théâtre et metteuse en scène, nous disait que c'était important, pour pouvoir placer notre voix, et pouvoir atteindre un certain volume sonore sans la fatiguer : en représentation, il faut en effet que tous les spectateurs, même ceux au dernier rang, puissent nous entendre ! Elle nous a donc fait travailler notre respiration abdominale, et c'est vrai qu'on voit vraiment la différence : on a plus de souffle, notre voix porte plus loin et on ne la fatigue pas, même si on doit parfois faire semblant d'être enragé ! Du coup, quelques fois, je me fais des séances de relaxation tout seul ou avec ma copine, en travaillant sur ma respiration… Et ça marche très bien ! »

Richard, 34 ans

Un peu de théorie

Les bienfaits de la respiration abdominale

Le fonctionnement du corps humain est dirigé par ce que l'on appelle le système nerveux autonome (parce qu'inconscient), qui est lui-même divisé en deux « sous-systèmes ». Le système sympathique met l'organisme en état d'alerte, par exemple quand on se retrouve dans une situation de stress : il commande l'augmentation de la tension artérielle, musculaire et l'accélération du rythme cardiaque. Au contraire, le système nerveux parasympathique calme l'organisme, en entraînant la relaxation des muscles, la baisse de la tension artérielle et le ralentissement du cœur. Et il se trouve justement que la respiration abdominale (on parle également de respiration diaphragmatique-ventrale) est une respiration profonde, qui stimule le système nerveux parasympathique. C'est pour cette raison qu'elle est utilisée dans énormément d'activités comme le qi gong, la barre à terre, le yoga, le théâtre, le chant, la sophrologie... Car ce type de respiration a également bien d'autres effets positifs. Sur le corps à proprement parler, elle permet le renforcement de la sangle abdominale, ce qui facilite le transit intestinal et le rejet des toxines et autres déchets. Elle permet aussi une meilleure oxygénation, le volume d'air inspiré étant supérieur à la simple respiration thoracique. Enfin, la respiration ventrale aide à projeter et à timbrer sa voix sans la fatiguer, à bien la placer ce qui permet de ne pas la casser. Elle permet également de rythmer le discours pour le rendre plus fluide.

Un exercice simple pour mieux respirer

Travailler sa respiration est aussi très utile pour améliorer sa gestuelle, dans la mesure où elle calme et relaxe l'organisme, et nous aide à atteindre un état de sérénité, d'ouverture et de disponibilité. De plus, les exercices à faire sont très simples, et autre point positif, on en ressent les effets très rapidement. On vous les recommande vivement, par exemple pour vous relaxer avant une réunion ou une présentation stressante, ou même au quotidien : c'est la base de la méditation ! On peut aussi l'utiliser pour se calmer après une grosse colère ou toute autre émotion forte...

Le mieux est, au début, de faire ce type d'exercice seul, dans un endroit calme, de préférence avec une lumière tamisée, à un moment où vous savez que vous ne serez pas dérangé. Il faut se mettre à l'aise (éviter les vêtements serrés par exemple) et s'allonger sur un sofa ou par terre et se couvrir avec une couverture pour ne pas avoir froid. La respiration abdominale fait travailler le diaphragme, le muscle principal de la respiration. Pour le sentir, mettez vos mains à plat sur les hanches : vos pouces, placés vers le haut, doivent s'écarter quand vous prenez votre inspiration (par le nez) en gonflant le ventre. Répétez cet exercice 10 fois, en faisant bien attention d'expirer l'air par la bouche tout en creusant le ventre, le plus lentement possible. Il est toutefois préférable d'arrêter si vous sentez des symptômes d'hyperventilation (fourmis, sensations d'éblouissement, d'engourdissement, etc.).

Parler en public

La respiration abdominale est un outil précieux pour quiconque doit s'exprimer en public : elle aide à diminuer le trac ressenti, en calmant les battements du cœur, les tensions et les crispations, et apporte du rythme, du timbre et de la puissance vocale à celui qui parle. Avant une réunion importante, vous pouvez, on l'a dit, prendre quelques minutes pour respirer. Si vous le pouvez, allongez-vous, sinon, vous pouvez également le faire debout, les pieds bien ancrés dans le sol, écartés seulement de la largeur du bassin, pour un bon équilibre. Gardez d'ailleurs cette posture pour le début de votre intervention, car c'est à travers cette attitude, symétrique, que transparaîtra votre maîtrise du sujet, quitte à vous détendre un peu plus par la suite.

Au niveau du discours lui-même, il est important que vous posiez votre voix, mais surtout que vous ralentissiez votre débit, pour vous rendre intelligible, mais aussi pour ne pas vous essouffler. Prenez votre temps, mais gardez tout de même un certain dynamisme. Vous pouvez prendre exemple sur Barack Obama : alors que le débit moyen est de 140 mots par minute, il culmine à 118 mots par minute pendant ses discours ! Attention cependant à ne pas paraître trop théâtral : ce qui sied à un président des États-Unis ne sied pas forcément à un manager en réunion d'équipe ! Enfin, n'ayez pas peur des silences : faire des ruptures dans son discours est la meilleure façon de capter de nouveau l'attention d'un public un peu dissipé...

À RETENIR

Un bienfait simple et facile

La respiration abdominale est la respiration que nous utilisons naturellement quand nous sommes couchés, prêts à dormir : c'est celle qui calme l'organisme en ralentissant le rythme cardiaque et en diminuant les tensions musculaires et vasculaires. C'est donc un outil tout trouvé pour de nombreuses activités basées sur le bien-être et le corps.

Bien respirer

Bien respirer est simple. Il suffit de se mettre à l'aise, dans un endroit calme, de préférence couché, et de prendre de longues inspirations (par le nez) en gonflant l'abdomen : votre main doit se lever quand elle est positionnée sur votre ventre. Attention également à l'expiration, qui se fait par la bouche, et qui doit être aussi longue.

Mieux s'exprimer grâce à la respiration abdominale

Il est recommandé de bien respirer avant et pendant une réunion ou une présentation, notamment pour diminuer son stress et augmenter la portée et le timbre de sa voix. N'hésitez pas, également, à bien réguler votre débit : mieux vaut parler lentement que trop vite. Ménager des silences est également utile pour recapter l'attention du public.

Une voix qui porte

Certains professionnels utilisent leur voix toute la journée face à des clients, au téléphone par exemple. La respiration abdominale (inspiration et expiration profonde en faisant bouger le diaphragme et donc le ventre) aide à « timbrer » la voix pour la rendre plus agréable et plus compréhensible.

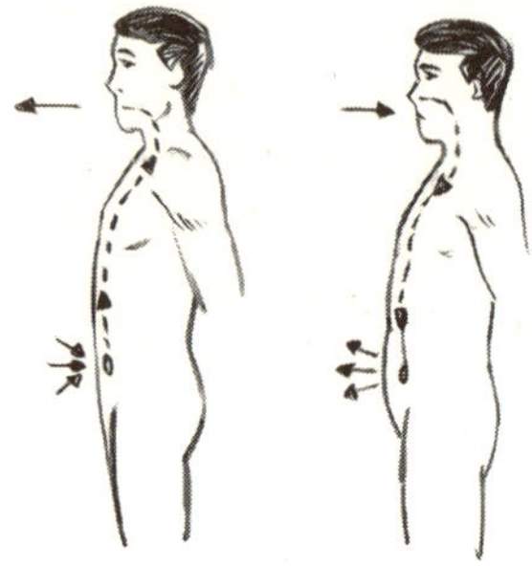

L'articulation

L'articulation fait partie du langage non verbal (le verbal se limitant au sens des mots). Ainsi, mieux vous articulez, plus vous êtes clair, et plus vous êtes compréhensible et convaincant. Distillez aussi des silences entre chaque idée, afin de laisser aux gens le temps d'absorber vos paroles.

Le rire du dominant

Une personne dite « dominante » n'a pas peur d'exprimer ses émotions, et rit plus souvent qu'une personne « dominée ». Ainsi, quand elle rit, elle va le faire de très bon cœur, en « se lâchant » : tête renversée en arrière sans contrainte, gorge déployée, bouche bien ouverte, rire très sonore.

Le rire du dominé

On repère une personne dite « dominée » quand elle attend que la personne « dominante » de la pièce rie avant de se mettre elle-même à rire. De plus, ce rire sera plus contenu, plus réservé, voire caché avec sa main, et la personne cherchera constamment l'approbation des autres avant de continuer.

Réussir son entretien d'embauche

« Vous n'aurez jamais une deuxième chance de faire une bonne première impression. »

David Swanson

Témoignage

« La dernière fois que j'ai passé un entretien d'embauche, c'était pour un poste qui me plaisait à l'origine plutôt moyennement. Mais bon, crise oblige, je devais bien travailler pour pouvoir payer mon loyer! Bref, comme cet entretien ne me tenait pas trop à cœur, j'y suis allée plus détendue que d'habitude (d'autant plus que j'avais eu un entretien juste la veille pour un job qui me bottait vraiment). Mais attention, je ne voulais pas non plus arriver baba cool, parce que c'était quand même une chance de pouvoir être embauchée là si le premier entretien ne donnait rien. Et puis, j'avais quand même fait les choses dans les règles: je m'étais renseignée sur le poste, sur l'entreprise et j'avais noté des questions pour la fin de l'entretien. J'ai eu de la chance à vrai dire, parce que j'ai eu l'impression que le courant est passé tout de suite: la femme qui m'a reçue m'a plu immédiatement: elle paraissait très ouverte, souriante, et du coup ça a terminé de me détendre. Je savais cependant qu'il ne fallait pas que je sois trop relax, car c'est parfois une technique d'entretien, pour vous déstabiliser ensuite. Bon, j'ai quand même eu un moment un peu difficile, quand elle m'a posé des questions de mise en situation: "Que feriez-vous s'il se passait telle ou telle chose?" *Mais je ne me suis pas précipitée, j'ai pris le temps de réfléchir. Et finalement, j'ai fini par être recrutée dans cette entreprise, laquelle s'est révélée par la suite une très bonne boîte! »*

Sonia, 28 ans

Un peu de théorie

La première impression

La première impression que vous allez donner au recruteur est évidemment la plus importante, parce qu'elle va en quelque sorte conditionner le reste de l'entretien et le résultat final. À ce sujet, plusieurs études intéressantes ont été faites, qui prouvent bien l'importance cruciale de faire une bonne première impression. L'une d'elle est particulièrement parlante. Dans cette expérience, une dizaine de recruteurs devaient recevoir des candidats lors d'un entretien de 20 minutes (les candidats étaient par ailleurs filmés à leur insu). Au terme de ces 20 minutes, les psychologues qui encadraient l'expérience demandaient aux recruteurs de donner leur avis sur les candidats, notamment sur des critères comme leur intelligence, leur ambition, leurs compétences, leur façon de s'exprimer. Parallèlement à ces évaluations, les psychologues montraient à d'autres recruteurs les 15 premières secondes (seulement !) de chaque entretien, et leur demandaient d'évaluer les mêmes critères pour chaque candidat... Et surprise ! Les évaluations furent sensiblement les mêmes dans les deux cas, que l'entretien ait duré 15 secondes ou 20 minutes ! Attention donc à faire extrêmement attention aux premiers mots prononcés, à votre attitude et surtout aux premiers gestes faits devant le recruteur ! Concentrez-vous surtout pendant les premiers instants, essayez de ne pas être trop nerveux... Mais attention aussi à ne pas trop vous relâcher dès que vous vous sentirez plus à l'aise par la suite !

Le début de l'entretien

Avant même que vous ne rencontriez le chargé de recrutement, si par exemple vous devez attendre à l'accueil, veillez à rester concentré, à ne pas vous disperser ni vous impatienter, même si cette attente s'éternise (c'est à vous d'être ponctuel, et non au recruteur...). Restez debout si vous le pouvez, dans une position dynamique, pour bien faire comprendre que vous êtes prêt à passer aux choses sérieuses. Vous pouvez aussi relire votre CV ou les informations que vous aurez glanées auparavant sur l'entreprise. Évitez de jouer de façon ostentatoire sur votre smartphone dernier cri... Mettez-vous en conditions pour aborder cet entretien de la meilleure façon.

C'est quand vous rencontrerez le recruteur qu'il faudra faire le plus attention : la qualité de l'entretien dépend à 80 % du choix de votre tenue et de l'impression que vous dégagez. Vous devez donc vous montrer ouvert sans paraître arrogant ni familier : c'est-à-dire qu'il faut donc ne pas paraître trop dominant. Mettez-vous en position d'ouverture et d'écoute le plus rapidement possible : la gestuelle détendue mais pas affalée (évitez de croiser les bras ou les jambes), la tête penchée légèrement sur le côté (cela montre que vous êtes particulièrement attentif). Vous pouvez également pencher votre buste légèrement en avant pour montrer à votre interlocuteur qu'il est le centre de votre intérêt, et faire de légers gestes d'assentiment (hochements de tête, brefs mots d'acquiescement...). Enfin, maintenez le contact visuel.

Bien gérer les temps de paroles

Le but ici n'est pas d'abreuver de paroles votre interlocuteur : en effet, certaines personnes, même timides, peuvent soudainement faire une « hémorragie verbale » pour compenser leur manque de confiance. Dites-vous que si vous avez réussi à décrocher cet entretien, c'est que votre profil « sur le papier » intéressait théoriquement l'entreprise. Vous avez donc toutes vos chances. Si l'on vous a demandé de venir, c'est donc surtout pour jauger votre personnalité et son adéquation éventuelle avec le reste de l'équipe : soyez donc le plus humble possible, restez simple, sans tomber toutefois dans la fausse modestie.

Adaptez votre vocabulaire à celui de votre interlocuteur, faites des phrases courtes et concises (le principal problème avec les phrases longues, c'est qu'on a parfois du mal à les finir correctement...). Posez votre voix, ralentissez votre débit (le trac amène souvent à parler trop rapidement) et n'oubliez pas d'articuler clairement ! Faites également des pauses régulièrement, pour permettre au recruteur de vous poser des questions s'il le souhaite. Ne cherchez pas absolument à placer les arguments et les exemples glorieux auxquels vous avez pensé avant l'entretien, surtout si votre interlocuteur ne vous pose pas de question à ce sujet... Au contraire, posez vous-même le plus de questions possible sur l'entreprise, le fonctionnement du service, le nombre de collègues, l'évolution de l'entreprise dans le secteur, pour montrer votre intérêt. Et surtout... Souriez !

À RETENIR

La force de la première impression

Il est prouvé que la première impression que vous donnez au recruteur est plus que déterminante dans un entretien d'embauche, puisque la plupart des recruteurs prennent leur décision dans les premières minutes qui suivent le début de votre rencontre ! Il est donc primordial d'être concentré dès que vous mettez un seul pied dans l'entreprise.

Paraître ouvert et à l'écoute

Les recruteurs ne vous rencontrent pas pour que vous leur répétiez ce qu'il y a sur votre CV. Ce qu'ils veulent à présent, c'est surtout s'apercevoir si vous paraissez correspondre à leur équipe. La plupart du temps, ils cherchent donc quelqu'un d'ouvert, qui écoutera ce qu'on lui dit. Votre gestuelle devra être ouverte, et montrer une attention sans faille.

Poser un maximum de questions

Vous pouvez aussi montrer votre capacité d'écoute en posant le plus de questions possible (ce qui montrera au moins au recruteur que vous êtes quelqu'un de pertinent et d'intéressé). Évitez de vous embrouiller avec des phrases longues, respirez, prenez le temps de réfléchir quand vous répondez aux questions. Et n'oubliez pas de sourire !

La bonne attitude en entretien

Vous devez passer un entretien d'embauche ? Pensez à ne pas (trop) communiquer votre stress via votre corps. Ainsi, gardez les mains sur le bureau, et faites des gestes plutôt symétriques, plus rassurants. Posez vos pieds à plat par terre, et évitez de vous asseoir tout au bord de la chaise.

Le regard franc

Face à un public, votre regard est crucial (même et surtout si ce public se résume à deux recruteurs). Il est important d'avoir un port de tête adéquat pour ne pas regarder constamment le sol, et de ne pas refuser le contact visuel avec vos interlocuteurs, car cela serait vraiment mal interprété.

Les mains libres

En situation de stress, il est toujours préférable d'avoir les mains libres. Pourquoi ? Imaginez-vous sous stress avec un crayon à mine rétractable dans les mains… Vous comprenez ? De plus, cela vous permettra de faire plus facilement des gestes pour appuyer votre discours, beaucoup mieux perçu.

Les gestes parasites

Les gestes parasites sont des gestes compulsifs faits pour « compenser » l'anxiété : c'est le fait de tirer sur le bas de son pull ou de se dandiner d'un pied sur l'autre quand on s'apprête à parler devant un groupe. Soyez certain qu'ils disent mieux que des mots que vous n'êtes pas à l'aise…

Cultiver le bon look

« Les couleurs sont à la vie ce qu'est le vêtement à la hiérarchie sociale. »

André Langevin

Témoignage

« Dans ma boutique, je vends essentiellement des vêtements pour les femmes. Ce que je préfère, c'est quand une femme me demande de l'aider à trouver une tenue, que ce soit pour un mariage, un entretien d'embauche, un premier rendez-vous... Car, dans ces cas-là, il faut connaître pas mal de détails avant de finir par choisir un vêtement ! D'abord, mieux connaître la personne elle-même : sa morphologie, sa personnalité, ce qu'elle a envie de dégager... Puis tout ce qui va concerner l'événement en question : est-ce que c'est une soirée très habillée, est-ce qu'elle sera là pour séduire, convaincre, ou au contraire est-ce qu'elle devra rester discrète... C'est toujours passionnant de choisir LE bon vêtement : celui dans lequel on se sentira à l'aise, séduisante... D'ailleurs, j'ai décidé d'aller encore plus loin dans cette optique, et j'ai envie de proposer un service de relooking et d'aide au shopping : il y a plein de femmes qui s'habillent avec ce qui leur tombe sous la main, parce que c'est pratique ou pas cher... et qui n'expriment rien à travers leurs vêtements : alors qu'on peut leur faire dire tellement de choses ! Et puis, certaines femmes aimeraient qu'on leur donne des conseils sur la façon de se coiffer, de se maquiller, de marier les couleurs... Tout ça peut paraître futile, mais il ne faut pas se voiler la face ou paraître hypocrite : le vêtement et le look que l'on a influencent tellement le jugement des autres qu'il est normal d'y porter le plus grand soin... non ? »

Flora, 36 ans

Un peu de théorie

Look et personnalité

Les vêtements, les chaussures, les accessoires, le parfum ou encore les bijoux que l'on porte déterminent de manière cruciale la première impression que l'on donne à ceux que l'on rencontre. Effectivement, à travers nos vêtements, les couleurs et les coupes que nous choisissons, le style formel, apprêté ou au contraire décontracté ou sportif, nous allons exprimer et renvoyer plusieurs images distinctes. Premièrement, nos vêtements vont évidemment dépendre de notre sexe et de notre âge, de nos goûts, mais aussi de notre morphologie et du rapport que l'on entretient avec son corps : est-on complexé ou plutôt libéré par rapport à son physique ? A-t-on confiance en soi ou veut-on à tout prix passer inaperçu ? Ensuite, à un niveau plus élevé, le vêtement trahit évidemment notre milieu social, selon son formalisme, sa qualité, sa marque et les accessoires qui y sont liés. Et même, au-delà du milieu social d'origine, le vêtement en dit long sur le groupe social auquel on aimerait appartenir...

En outre, le vêtement porte en lui un message sexuel : on ne porte pas une minijupe comme on porte un pantalon, surtout si cette minijupe est accompagnée de talons, qui vont allonger les jambes et chalouper la démarche... Et enfin, les accessoires auront aussi de l'importance, en ceci qu'ils assurent une fonction précise, puisqu'ils vont véhiculer nos valeurs, notre histoire (comme certains bijoux de famille), ou encore notre culture (une croix autour du cou, ou une main de Fatma)...

Des couleurs et des codes

Les couleurs que l'on choisit de porter sont la plupart du temps fonction de notre état d'esprit. Des adolescents qui ne se sentent pas bien dans leur peau auront tendance à porter des couleurs sombres, pour se camoufler et exprimer leur mal-être. Ce choix pour les couleurs sombres est souvent, aussi, une façon de se démarquer de l'enfant qu'ils ont été (les enfants étant souvent habillés de couleurs vives). Dans les régions chaudes ou pendant l'été, on s'habillera avec des couleurs vives parce que le soleil est synonyme de bonne humeur !

D'autre part, les couleurs sont classées en couleurs chaudes et froides. Les couleurs chaudes contiennent une touche de jaune (comme l'orange, le marron, certaines teintes de rouge...) et les couleurs froides contiennent une touche de bleu (comme le vert, le violet...). Le blanc et le noir sont considérés comme des couleurs froides. Si l'on veut créer une harmonie dans ses vêtements, on choisira de marier plusieurs couleurs chaudes, ou plusieurs couleurs froides entre elles : cette harmonie donnera une impression de discrétion et de douceur. Au contraire, si l'on veut se mettre en valeur et créer une impression de dynamisme, il sera plus judicieux de créer un contraste en mariant des couleurs chaudes et des couleurs froides : les vêtements (et donc vous-même) seront mieux mis en valeur, car leur visibilité et leur présence seront plus fortes... Ainsi, en fonction de ce que l'on veut faire passer, on pourra choisir entre le contraste et l'harmonie...

Les vêtements et l'entreprise

C'est indéniablement un milieu qui va engendrer une certaine uniformisation du vêtement, car toute entreprise véhicule des codes qui lui sont propres, et qu'il faudra respecter si l'on veut s'intégrer. Ainsi, il est important de comprendre et d'assimiler rapidement ce « *dress code* », surtout lors d'un entretien d'embauche, pour ne pas faire de faux pas dès le début. Ce *dress code* sera fonction des valeurs de l'entreprise : encourage-t-elle la créativité, l'innovation (dans ces cas-là, le *dress code* sera certainement assez décontracté), ou prône-t-elle des valeurs comme le sérieux et la discrétion (le costume, le tailleur, la neutralité et la sobriété seront alors dans ce cas-là préférés) ?

Évidemment, lors d'un premier entretien, il est surtout important que le look colle à la fonction pour laquelle on postule, tout en laissant s'exprimer sa personnalité, mais sans non plus oublier son confort. Il n'y a rien de pire que de se sentir déguisé, car cela peut vraiment jouer sur l'impression d'ensemble : on se sent engoncé dans sa veste donc on bouge peu, ou on se sent mal à l'aise car on ne sait pas marcher avec des talons, etc. Le mieux étant certainement de choisir une tenue neutre (blanc et noir, gris, bleu marine...), élégante (sans être trop habillée), que l'on a déjà portée de préférence, et dans laquelle on se sent bien et mis à son avantage. On peut enfin l'égayer d'un ou deux détails personnels, surtout au niveau des accessoires : un sac, un foulard, une cravate...

À RETENIR

L'habit fait le moine

Les vêtements que l'on porte en disent long sur nous-mêmes. En effet, ils trahissent la façon dont on perçoit son corps, informent sur notre personnalité, sur le milieu social dans lequel on évolue ou même dans lequel on souhaite évoluer. Ils peuvent aussi véhiculer une partie de notre histoire, ou une intention bien précise : séduire, convaincre, etc.

Contrastes et harmonie

Les couleurs ont aussi leurs propres codes, qu'il peut être bien utile de maîtriser. Ainsi, pour jouer la discrétion, mieux vaut-il porter un camaïeu de couleurs issues de la même tonalité (chaude ou froide). Au contraire, l'originalité et le dynamisme se voient à travers des couleurs contrastées (mélange entre couleurs chaudes et froides) et souvent vives.

Working girl (ou boy) !

Au travail, il est important, du moins dans un premier temps, de correspondre à l'image de l'entreprise : formelle si l'entreprise véhicule des valeurs de sérieux, plus décontractée si l'entreprise privilégie la créativité et la jeunesse. Pour un premier entretien cependant, la neutralité sera de mise, juste rehaussée d'une touche personnelle.

La position « chêne »

Un chêne paraît solide parce qu'il est toujours bien planté en terre, avec des racines fermement ancrées dans le sol. Pour paraître sûr de vous, vous devez vous inspirer de l'exemple du chêne : les pieds fermement ancrés au sol et les jambes droites (et non fléchies d'un côté ou de l'autre).

© Oliver

Les mains dans les poches

Dans certaines situations, avoir les mains dans les poches peut donner une attitude « cool » plutôt enviable. Mais c'est rarement le cas au travail, surtout si vous devez convaincre, discourir, vendre ou négocier. Bien au contraire, cela donne un air nonchalant, dilettante, voire manipulateur…

© Oliver

Croiser ses jambes très haut

Le fait de croiser ses jambes très haut au niveau des cuisses est, spécialement pour un homme, un geste peu courant. De fait, il indique donc un malaise, ou un certain stress, ainsi que la volonté de garder le contrôle de la situation, et de ne rien montrer de son anxiété ou de son antipathie.

Le corps démotivé

Plusieurs attitudes expriment la démotivation. Les mains sur les reins, doigts dirigés vers la colonne vertébrale, sont un signe. La position affalée dans un siège, sans tenue ni dynamisme, est un autre signe. Et enfin, avoir les poings fermés qui cachent les deux pouces est un très mauvais signe !

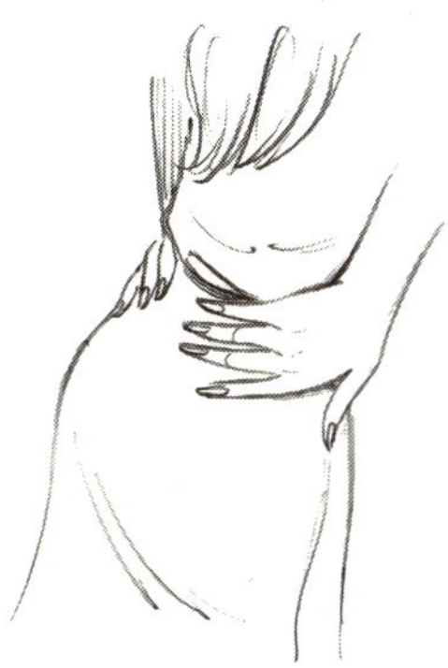

Le look : joue-t-il un rôle dans notre intégration ?

Vous êtes un as dans le décryptage du langage corporel ? Félicitations ! Mais ce n'est pas le cas de tout le monde ! En effet, la très grande majorité des gens se fie encore très largement aux stéréotypes qu'ils ont intégrés dans leur « carte mentale », surtout dans le milieu du travail, malheureusement. Respecter les codes en vigueur dans votre entreprise, ou ceux de l'entreprise dans laquelle vous souhaitez être embauché est donc un minimum si vous désirez vous intégrer convenablement.

Comment détecter un faux sourire ?

Un faux sourire n'est pas forcément une preuve formelle de malveillance ou de tromperie : vous-même devez en esquisser une bonne centaine par jour, surtout si vous travaillez face à une clientèle difficile ! Cependant, un faux sourire peut en effet vous donner des indications importantes sur la sincérité de quelqu'un. Sachez donc qu'il ne fait en général intervenir que la bouche, mais que les yeux restent froids. De plus, il est souvent asymétrique, et reste plus longtemps qu'un vrai sourire !

Qu'est-ce qu'un vrai sourire ?

Quelles sont donc les caractéristiques d'un vrai sourire, sincère et franc ? Simplement, il fait intervenir les muscles de la bouche en l'élargissant (via les zygomatiques notamment), mais aussi et surtout les yeux, via un petit muscle, l'orbicularis oculi. Ce dernier est ainsi celui qui met en valeur vos charmantes « pattes d'oie » quand vous souriez, mais il est indépendant des zygomatiques, ce qui le rend difficile à « actionner » sur commande (pour un faux sourire par exemple...) !

Quels gestes éviter pour faire bonne impression ?

Comment paraître sûr de soi quand on doit faire une présentation devant son chef et l'état-major réuni, ou quand on doit convaincre son équipe du bien-fondé d'un changement ? Un premier indice : arrêtez de vous toucher la tête ou le visage ! Ces gestes, que l'on appelle des autocontacts, reproduisent inconsciemment les caresses que nous prodiguait notre mère quand nous étions anxieux, et sont des signes évidents de gêne ou de stress. Alors assumez, et gardez les bras loin de votre visage !

Le sourire a-t-il du pouvoir ?

Le sourire est en effet un code gestuel quasi magique ! Il traduit instantanément la recherche de lien social, et vous rend automatiquement sympathique, et ce même si votre sourire est un vulgaire sourire commercial ! Le sourire est ainsi considéré comme un pacte de non-agression, voire d'alliance inconsciente avec les autres... Certaines études ont démontré que les gens ont tendance à nous trouver plus beaux et même, ce qui peut paraître surprenant, plus intelligents quand on sourit !

Comment paraître inoffensif ?

Il est quelquefois utile de faire « profil bas » afin de ne pas stimuler des réactions agressives de la part de son interlocuteur. Ainsi, la meilleure façon de paraître inoffensif est de paraître « soumis », tout comme certains animaux dans la nature. En position assise, cela équivaut à ramener les jambes sous son siège, ainsi que les bras le long du corps, ou sur les genoux, pour prendre le moins de place possible. Message envoyé : je suis soumis, ce n'est donc pas la peine de m'attaquer !

Suffit-il de sourire pour aller mieux ?

Comment faire pour que votre journée commence du bon pied ? En souriant, tout simplement ! En effet, si les émotions que l'on ressent et notre état d'esprit ont un effet direct sur notre corps et notre physionomie, il semble que le contraire soit aussi vrai. En d'autres termes, sourire de façon « artificielle » aurait un impact sur notre état émotionnel : le corps commanderait donc à notre esprit, qui s'allégerait alors de façon notable...

Quelle attitude adopter lors d'un entretien ?

Lors d'un entretien d'embauche, une attitude adaptée malgré le stress fera la différence. Il faut donc paraître à l'aise et sûr de vous, sans cependant pécher par excès de confiance en soi. Asseyez-vous donc confortablement sur votre chaise (et non au bord, prêt à vous lever !). Adoptez une attitude neutre (ni trop ouverte, ni trop réservée), qui prouve votre écoute : tourné vers votre interlocuteur et souriant (et hochez de la tête régulièrement). Et surtout évitez de triturer votre stylo !

Et les pouces dans tout ça?

Les pouces sont porteurs d'une symbolique particulière, les montrer serait en fait une façon de montrer sa confiance en soi. Par exemple, une personne qui met les mains dans ses poches en laissant juste dépasser ses pouces veut montrer qu'elle est « cool »... De même, certains hommes aiment adopter la posture dite « du cow-boy », qui consiste à mettre les pouces dans les poches et à laisser dépasser le reste des mains, comme si ces hommes voulaient mettre en valeur leur entrejambe... et leur virilité!

La respiration abdominale: quel est le mode d'emploi?

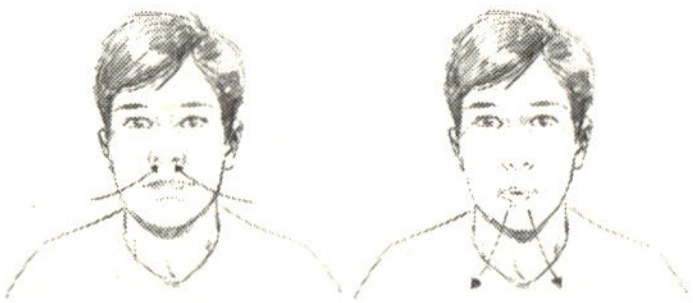

Tous ceux qui la pratiquent vous le diront! La respiration abdominale est bonne pour la santé: elle permet d'évacuer les tensions, de mieux oxygéner le corps, de mieux placer sa voix, et de se relaxer durablement. C'est d'ailleurs la respiration que nous prenons quand nous dormons. Pour la pratiquer, rien de plus simple! Allongez-vous, placez votre main sur votre ventre, et faites-la monter en gonflant le ventre quand vous inspirez par le nez. Terminez en expirant longuement par la bouche.

Pourquoi certaines femmes portent-elles leur sac au creux du coude ?

Cette posture peut être le fait de deux raisons principales. La première est que c'est une façon de paraître chic, élitiste ou snob (ou les trois à la fois). En effet, cette posture permet de casser le poignet, ce qui rend la main molle, ce qui était avant le signe que vous étiez oisif et donc riche. La deuxième raison qui peut vous faire porter le sac au creux du coude est que vous êtes une toute jeune femme encore peu sûre d'elle, qui copie celles qui paraissent chics, élitistes et snobs...

Comment appuyer votre argumentation ?

Bien argumenter, face à son patron ou face à un client, n'est pas seulement une question de mots. On peut aussi faire en sorte que notre discours soit marquant, en donnant à ses interlocuteurs des repères visuels. Par exemple, si vous énoncez une liste d'arguments, faites-le en structurant votre discours avec votre main : au « primo », levez votre pouce et laissez-le ainsi tant que dure votre argument ; idem pour le secundo, le tertio, etc. Vous verrez que l'on se souviendra de votre rhétorique !

Comment riez-vous ?

Le rire serait, selon certains synergologues, un indice certain de notre capacité à lâcher prise. Ainsi, les personnes ne riant jamais aux éclats ont tendance à être anxieuses. D'autres, au contraire, rient en rejetant la tête en arrière : elles n'ont aucun mal à « se lâcher » et à faire confiance (sinon, exposeraient-elles leur cou, zone hautement vulnérable ?). D'autres, enfin, rient toujours en cachant leur bouche : signe d'un manque de spontanéité souvent dû à un excès de perfectionnisme...

Quels sont les bienfaits du rire ?

On se sent plus détendu après un bon fou rire... Et pour cause ! Le rire est en effet le meilleur antidépresseur naturel au monde. Ainsi, rire agit sur notre appareil digestif, nos poumons et notre système cardio-vasculaire, notamment à travers le « massage » du diaphragme, que nous contractons et décontractons de façon alternative quand nous rions. De plus, le rire serait très bon pour réduire nos tensions et notre agressivité. Même notre sommeil et notre système immunitaire en profiteraient !

Vous avez un visage expressif?

Un visage expressif se révèle la majorité du temps être un visage séduisant, photogénique (voyez les enfants!) et qui, de plus, vieillira bien. En effet, la pauvreté expressive d'un visage provoque souvent son affaissement et son vieillissement prématuré: un peu comme si le visage, à force de n'avoir que quelques expressions à communiquer, se fanait. Alors pour muscler votre visage et garder votre expressivité naturelle, n'hésitez pas: grimacez le plus souvent possible devant le miroir!

Comment peut-on améliorer son image?

Si vous devez vous adresser à plusieurs personnes, voici quelques conseils pour vous aider à améliorer votre image. Faites attention à bien regarder l'ensemble de votre auditoire quand vous lui parlez, et pas seulement les deux ou trois personnes à votre droite dans le premier rang (on a tendance à plus regarder à droite quand on est droitier). Et n'abusez pas de gestes trop larges ou trop exagérés (donnez-leur du sens pour appuyer votre discours).

Le langage des gestes en société

Que ce soit entre amis ou au travail, apprenez à déchiffrer les gestes de votre interlocuteur : est-il intéressé par la conversation ? Est-il en train de mentir ou d'essayer de vous manipuler ?

Comment lire les gestes des autres ?

« En tirant les conclusions de l'observation de nos interlocuteurs, interrogeons-nous sur d'autres interprétations possibles, et par des questions exploratoires, cherchons à valider ou à enrichir nos hypothèses. »

Éric Pestel

Témoignage

« Je fais régulièrement passer des entretiens d'embauche, et pour améliorer mes recrutements, j'ai suivi une formation en communication non verbale pour décrypter les gestes d'autrui. Je me suis aperçu que c'était en fait très complexe, et qu'un stage de deux jours serait un peu juste : il y a tellement de gestes et de significations différentes ! J'ai quand même retenu ce qui m'intéressait le plus finalement : les gestes liés au mensonge par exemple, les gestes de fermeture ou d'ouverture ou ceux qui servent à calmer quelqu'un d'énervé.

Après le stage, j'ai donc essayé de mettre en application ce que j'avais appris, ce qui n'était pas facile finalement. Déjà, il faut beaucoup d'entraînement : les premières fois, je me concentrais tellement sur les gestes des candidats que je n'écoutais plus du tout ce qu'ils disaient ! Et puis, je dois dire que ce n'est pas évident de juger quelqu'un sur sa gestuelle lors d'un entretien d'embauche : la pression et le stress vont souvent fausser notre jugement. Pour vous donner un exemple, j'ai embauché la dernière fois une petite jeune, mais un peu à contrecœur, car elle ne m'avait pas fait grande impression. Elle avait l'air vraiment peu assurée. Seulement, elle avait le diplôme adapté au poste et une bonne expérience (je ne fonde pas non plus tout sur la gestuelle !). Eh bien, après, elle m'a surpris ! Une fois qu'elle a pris ses marques, elle s'est vraiment épanouie et je la trouve maintenant très souriante et très dynamique… »

Jean, 48 ans

Un peu de théorie

Situer les gestes dans le contexte

Le décryptage du langage des gestes est un sujet passionnant, mais il est vrai qu'il faut être prudent, que ce n'est pas forcément facile de mettre la théorie en pratique. Non seulement parce qu'il n'est pas évident de capter tous les gestes, toutes les mimiques et toutes les expressions pertinentes, mais aussi parce que les situations ne sont pas forcément propices à l'analyse du comportement para-verbal de son interlocuteur. Il est difficile de juger une personne sur un instant précis. Certaines situations, en effet, vont évidemment modifier l'attitude générale de l'individu que vous voulez « décrypter ». Les entretiens d'embauche en sont le meilleur exemple, les candidats ayant bien sûr la volonté de montrer la meilleure image possible d'eux-mêmes. A contrario, dans certains cas, le stress, voire l'anxiété des candidats, peut les amener à avoir des attitudes nerveuses de soumission ou de fermeture souvent contraires à ce qui est généralement apprécié chez un candidat.

Il faut donc, quand on s'attache à analyser la communication non verbale de son interlocuteur, prendre en compte la situation de communication tout autant que les gestes eux-mêmes, car les deux sont intimement liés, une situation tendue pouvant « parasiter » les gestes d'autrui. Afin d'éviter ces « parasites » dans la communication, il est ainsi fondamental de mettre à l'aise son interlocuteur, pour faire en sorte qu'il soit le plus naturel possible : il se livrera aussi plus facilement.

Ne pas faire de conclusions hâtives

Faites attention donc à ne pas interpréter de façon trop rapide le comportement non verbal des personnes avec qui l'on essaie de communiquer. Il vaut mieux de pas cataloguer trop vite les autres. Le mieux est d'observer, en laissant de côté ses premières impressions ou ses préjugés (nous en avons tous !). La nature humaine est ainsi faite : on ne voit souvent que ce que l'on veut bien voir ! Ainsi, après vous être fait une opinion de l'autre, vous chercherez ensuite tous les éléments qui confirmeront cette première impression (et occulterez en retour tout ce qui ne correspond pas à cette opinion, à cette perception...). Par exemple, si (par hasard...) vous pensez que toutes les blondes sont écervelées, vous aurez tendance à laisser de côté tous les signes qui pourraient « prouver » le contraire...

En fait, le mieux pour décoder le comportement de l'autre est d'étudier sa gestuelle en opérant en « entonnoir », c'est-à-dire en partant du plus large au plus précis. De fait, on observera d'abord l'allure générale de l'individu, sa posture : a-t-il l'air détendu ? Donne-t-il une impression dynamique ? Est-il souriant, avenant ? Ce n'est qu'une fois que vous aurez noté ces éléments qu'il conviendra d'analyser les mouvements et gestes avec plus de précisions. En d'autres termes, ce n'est pas parce qu'une personne croise les bras qu'elle est forcément en mode « fermeture » : si elle est détendue dans sa posture, ce peut être seulement un geste de confort (ou parce qu'elle a froid !).

S'exercer d'abord avec les gens que l'on connaît bien

Pour commencer, il est conseillé de s'exercer avec les gens que l'on côtoie souvent et que l'on connaît bien. Cela est plus facile, tout simplement parce que nous sommes habitués à leurs manières et que nous serons donc beaucoup plus justes dans nos interprétations, parce que beaucoup plus subtils.

Pensez à votre meilleur(e) ami(e) ou à votre conjoint(e). Vous devinez en général très vite si il ou elle ne va pas bien, s'il est soucieux ou s'il vous cache quelque chose. Ce qui est intéressant alors, c'est d'essayer de mettre un nom sur les indices qui vous ont mené à cette conclusion. Est-ce parce qu'il a une démarche différente ? Est-ce plutôt dans le ton de sa voix, l'expression de ses yeux ? Une bonne connaissance du comportement non verbal de ceux que vous côtoyez tous les jours est déjà un excellent début pour analyser le langage des gestes des autres individus...

Cela évitera notamment de faire des erreurs, ou de s'attacher à des détails sans importance. Car il ne faut pas oublier une chose : contrairement à ce que l'on pense, la communication non verbale n'est pas non plus une fenêtre complètement ouverte sur l'autre : vous ne démasquerez pas non plus ses pensées les plus intimes. Vous pourrez, tout au plus, vous renseigner sur son état émotionnel ou affectif du moment, préciser certaines hypothèses relatives à ses intentions, pour pouvoir réagir de la façon la plus pertinente possible... Attention donc à ne pas donner trop de poids à ces gestes du quotidien...

À RETENIR

Faire attention au contexte

Nous ne nous comportons pas de la même façon en famille ou au travail : les enjeux, les relations hiérarchiques ou le stress changent notre gestuelle, en la rendant plus fébrile ou au contraire plus détendue. Attention donc à bien prendre en compte le contexte dans lequel s'opère la communication non verbale avant de tirer ses conclusions.

Rester ouvert

Il faut aussi ne pas trop faire confiance à sa première impression (même si elle est souvent juste, on en convient). Le problème, c'est que cette première impression nous enlève de l'impartialité, et l'on risque de s'attacher seulement aux détails qui confirment notre hypothèse, tout en laissant le reste (les détails qui pourraient l'infirmer) de côté…

S'entraîner dans notre cercle intime

Un bon moyen pour analyser la gestuelle d'autrui est de commencer à s'entraîner avec les personnes de notre entourage. Ainsi, il sera plus facile de se voir confirmé ce que l'on pense en leur posant des questions. Exercez-vous ainsi à repérer et noter tous les indices qui vous font dire que votre ami est triste, fatigué, en désaccord avec vous, etc.

La barbe

Si votre interlocuteur fouille sa barbe pendant que vous lui parlez, c'est que vous êtes en train de le faire réfléchir, et que vous pourriez même le convaincre ! En effet, la barbe est le siège de la remise en question : c'est ce que les hommes se laissent pousser ou rasent pour changer de tête...

Regard fuyant

Le regard fuyant n'est pas forcément un signe de dissimulation mais de stress (même si mentir est stressant !). C'est plutôt la conséquence d'une envie de s'enfuir (d'ailleurs le regard fuit souvent vers une porte de sortie potentielle), et le besoin de nier la réalité en ne la regardant pas.

Le regard par-dessus les montures

Quand ce geste est fait à dessein, la personne vous jauge et elle a peur que vous ne soyez pas à la hauteur. Cela peut également être un geste d'intimidation, qui signifie : « Je n'ai pas besoin de mes lunettes pour voir ce qu'il y a à voir chez vous ! » Dans les deux cas, ce n'est pas bon signe !

Des mains démotivées

On peut voir qu'une personne est démotivée quand ses mains sont aussi inertes que son énergie à ce moment précis. Le buste est penché, sans dynamisme, les mains sont légèrement croisées sans conviction, les pouces sont côte à côte, immobiles. Les coudes peuvent être en appui sur les genoux écartés.

Le menton soutenu

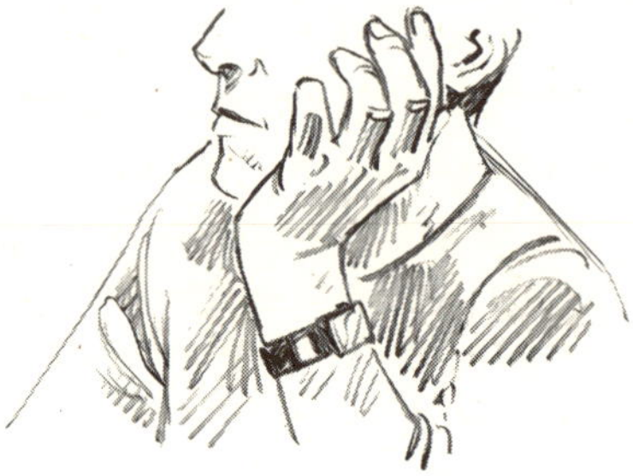

Ce n'est pas bon signe si votre interlocuteur commence à soutenir le menton avec la paume de la main, cela signifie qu'il est dubitatif ou s'ennuie. D'ailleurs, cela ne s'arrange pas si sa paume glisse du menton vers la joue ou vers la tempe, signe que sa tête s'affaisse et que son attention décroît.

Le « double canon »

Ce geste est caractérisé par des coudes en appui devant soi ; les deux mains sont croisées et seuls l'index et le majeur viennent barrer les lèvres verticalement, comme si vous teniez un pistolet devant votre bouche. C'est un geste qui exprime le mépris, ou du moins le peu d'estime porté à l'autre...

La jambe en équerre

En pleine discussion, votre interlocuteur croise la jambe et la pose sur son autre genou, assez haut, de façon à former une équerre, qu'il consolide parfois avec une ou deux mains. Cette posture implique de la combativité car elle forme une barrière protectrice et augmente le volume corporel global.

Pointer l'index

L'index est le doigt de la précision et celui qui accuse. Dans un contexte relationnel ou professionnel, il est assez maladroit de l'utiliser, car ce geste sera souvent mal perçu, surtout si la paume de votre main est dirigée vers le bas pour, par exemple, marteler la table pendant votre discours.

La proxémie

« J'ai remarqué une chose importante : on impose, à distance, plus de respect. »

Tacite

Témoignage

« Je suis quelqu'un de très chaleureux (du moins c'est ce que les autres disent !) : je viens du Sud, et vous savez chez nous, il n'y a pas de chichis ! Alors quand on aime quelqu'un, on le lui fait savoir ! Je sais notamment que je suis une personne très tactile : je crois même que j'ai une sorte de besoin maladif de toucher les gens que j'apprécie, de les tâter, voire de les masser quelquefois quand je les connais bien… Je sais, ça paraît bizarre à pas mal de monde, mais bon, pour moi, c'est juste une façon d'être naturelle. À vrai dire, je n'ai jamais eu de problème avec ça tant que je suis restée à Marseille, mais je me suis aperçu d'un certain… décalage quand je suis partie vivre à Reims ! Je suis partie là-bas parce que mon mari avait trouvé un travail dans un vignoble de la Champagne… Ce que je peux dire, c'est que les codes n'étaient pas tout à fait les mêmes là-bas ! Les gens se montraient par exemple beaucoup plus distants et froids quand tu les rencontrais la première fois (et même après les avoir rencontrés plusieurs fois), et je crois bien que j'en ai choqué plus d'un avec mes manières ! Bon, je me faisais pardonner à chaque fois, surtout quand ils entendaient mon accent… Mais toujours est-il que les gens sont beaucoup moins tactiles ici. Bien qu'à force de les toucher, je crois que j'en ai converti quelques-uns ! Mais je me rattrape à chaque fois que je reviens dans ma famille : quand je suis à Marseille, c'est câlin pour tout le monde ! »

Eugénie, 44 ans

Un peu de théorie

Qu'est-ce que la proxémie ?

La proxémie est une composante importante du langage non verbal. C'est un concept qui se définit comme étant la distance physique qui sépare des personnes en situation de communication. C'est le célèbre anthropologue américain, Edward T. Hall, qui le premier a étudié cet espace entre deux êtres en interaction. Pour cela, il a commencé par observer tout d'abord les relations entre les animaux. Il s'est notamment aperçu que les distances entre les animaux pouvaient apporter nombre d'informations très fiables pour expliquer leur façon de communiquer, et ceci parce que ces distances dépendaient de leurs sexes, de leurs relations ou encore de leurs positions hiérarchiques. Edward T. Hall a ensuite adapté cette notion de distance à l'être humain, et s'est demandé si nous obéissions à la même logique. Hypothèse qui s'est avérée exacte.

La proxémie est donc la distance physique qui sépare chacun d'entre nous des autres personnes, et qui varie selon nos relations, notre état émotionnel, notre statut hiérarchique, mais aussi bien évidemment notre culture. Elle se met en place de façon automatique et inconsciente, et elle en dit long sur les relations, voire les intentions que nous avons avec les personnes que nous côtoyons. Mais lorsque, par exemple, nous rencontrons des personnes d'une culture différente, il est possible de commettre des impairs, en nous positionnant, par exemple, beaucoup trop près ou trop loin de notre interlocuteur... Alors quelles sont les bonnes distances ?

Intimité et proximité physique

Les principales conclusions de Edward T. Hall sont les suivantes : nous « disposons » autour de nous de quatre sphères concentriques dont nous sommes le centre, correspondant à des degrés décroissants d'intimité. Ainsi, la première sphère est la sphère intime, qui correspond un peu à une bulle de protection individuelle, très importante. Cette bulle varie entre 15 et 45 cm : elle sera de 15 cm (voire moins) pour les personnes très tactiles, et de 45 cm pour les personnes plus distantes. Cette distance est en général franchie seulement par les personnes les plus proches (conjoint, famille, amis très proches...). On peut même dire qu'une intrusion dans notre « bulle de sécurité » peut être vécue presque comme un « viol » de notre intimité, et engendre en général un grand stress, un malaise ou du moins un moment embarrassant : il n'y a qu'à regarder les gens dans un bus, par exemple, ou dans un ascenseur bondé pour comprendre ce dont on parle. Chacun essaie alors de recréer cette bulle de protection imaginaire en évitant soigneusement de regarder son voisin ou d'être touché par lui.

La distance qu'on appelle distance personnelle est, elle, située entre 45 et 125 cm. C'est la distance usuelle entre deux personnes qui se connaissent, et elle est idéale quand on discute autour d'un verre, par exemple. Cet espace se rapprochera plus des 45 cm si l'autre personne est un ami proche et plus vers les 125 cm si c'est une simple connaissance.

Distances sociale et publique

Au-delà de la distance personnelle se trouvent encore deux sphères concentriques, celles de la distance sociale et enfin, celle de la distance publique. La première est celle que nous mettons naturellement entre des collègues et nous, par exemple, pendant une réunion, lors d'une entrevue ou un regroupement informel. La distance sociale est régie par des règles assez strictes, puisque c'est la plus communément utilisée finalement : elle se borne à 2 m environ lorsque les relations sont informelles et que l'on connaît tout de même les gens, mais peut aller jusqu'à 3,60 m lors de contacts plus formels : entretiens d'embauche, examens oraux, entretiens professionnels, etc. 3,60 m est d'ailleurs la limite de la distance sociale, car c'est également la limite de nos capacités vocales. Au-delà de cette distance, il faut alors forcer un peu la voix pour se faire entendre...

La distance publique, elle, commence à partir de 3,60 m, et n'a pas vraiment de limites. La distance publique correspond, comme son nom l'indique, aux prises de paroles en public, comme lorsqu'on donne une conférence ou quand on joue au théâtre. Ce peut également être le signe d'une relation extrêmement hiérarchisée, voire hostile : pensons, par exemple, aux couples que l'on voit parfois dans certains films, et que l'on voit dîner à chaque bout d'une table interminable... Il y a fort à parier dans ces cas-là que la relation n'est pas vraiment au beau fixe...

À RETENIR

Une question de distance

L'espace que l'on met entre soi et les autres serait révélateur non seulement des relations que l'on entretient avec eux, mais aussi de notre propre état d'esprit, voire de nos traits de caractère. Cette hypothèse a été confirmée dans les études de l'anthropologue américain Edward T. Hall, lequel a appelé cette distance entre les individus « proxémie ».

Une proxémie très codifiée

Ainsi, la distance que l'on met entre soi et les autres obéit à un ensemble de règles très complexes, qui varient, de plus, d'une culture à l'autre, d'un milieu social à l'autre, voire d'une personne à l'autre. Ainsi, certaines personnes sont-elles très tactiles, d'autres beaucoup moins, ce qui provoque parfois des situations quelque peu… embarrassantes.

Les différentes sphères

De la sphère intime à la sphère publique, les distances peuvent varier de 15 à 360 centimètres, la sphère relationnelle (sociale) couramment « utilisée » se situant entre 1 et 2 mètres. Attention donc si vous voyez l'un de vos collègues réduire avec vous cette distance… c'est qu'il souhaite peut-être se rapprocher de vous sur un tout autre plan…

L’étreinte latérale

C’est le cas quand deux personnes sont côte à côte et s’étreignent l’épaule d’un seul bras. C’est en général une étreinte assez amicale, et même purement amicale ! En effet, on adopte cette position quand on ne veut faire planer aucun doute sur la relation en question : « Ça ne va pas plus loin » !

L’étreinte frontale

Ce type d’étreinte est plutôt intime, car les deux corps se rejoignent et se touchent alors complètement. L’étreinte frontale ne comporte pas forcément de sous-entendus sexuels et n’indique pas obligatoirement une tentative de séduction, mais dénote sans aucun doute un haut niveau d’intimité.

La demi-étreinte

C'est une étreinte dans laquelle les deux personnes laissent un espace entre elles (au niveau du ventre en général). On l'adopte quand on souhaite montrer qu'il n'y a aucun enjeu sexuel (ou quand on souhaite ardemment le contraire, mais que l'on n'est pas sûr que l'autre le souhaite aussi !)

L'étreinte avec tapes dans le dos

Ce geste est courant, qu'importe le sexe des deux personnes. Son degré d'intimité est fonction de la distance entre les deux corps et de la durée de l'échange. Il est fait pour rassurer, féliciter ou encourager. Mais les tapes dans le dos peuvent aussi signifier : « Il est temps de me lâcher ! »

Saluer autrui

« Le léopard ne salue pas la gazelle, si ce n'est pour sucer son sang. »

Proverbe araméen

Témoignage

« Je suis médiateur social dans un petit quartier du Peyrouat, à Mont-de-Marsan, dans les Landes. C'est un quartier populaire : il y a des personnes immigrées, des personnes âgées, des jeunes un peu désœuvrés, de jeunes couples aux revenus modestes. Mon rôle, c'est de faire en sorte que tout se passe bien entre les différentes populations : je règle certaines querelles de voisinage, je parle avec les jeunes, j'essaie de les orienter éventuellement, vers la maison locale des jeunes. Mais je rencontre aussi, de temps en temps, des élus locaux, qui viennent se montrer dans le quartier. Bref, dans mon métier, je dois tout le temps m'adapter aux coutumes de tout le monde. Par exemple, avec certaines personnes âgées, que je sais assez « collet monté », ça reste formel : je leur serre la main, je reste à une bonne distance pour leur montrer du respect (et aussi pour leur montrer que les jeunes peuvent aussi avoir un comportement « correct »). Avec d'autres, je vais leur faire la bise... il y a même certaines mamies qui me prennent dans leurs bras, parce que je leur rappelle leurs petits-fils ! Mais ce qui m'amuse le plus en général, c'est de voir les rituels des jeunes de la cité : chaque groupe a ses propres codes, un peu comme dans les gangs américains (même si la comparaison est un peu exagérée...). Je ne connais pas tous les codes, mais je suis sûr que la façon dont ils se disent bonjour en dit long sur qui est le chef, et qui est le petit nouveau dans le groupe... »

Samuel, 36 ans

Un peu de théorie

Des salutations très ritualisées

Saluer quelqu'un pourrait être considéré en apparence comme un acte très banal, mais cet acte correspond, paradoxalement, à un rituel assez complexe. En effet, le simple fait de « dire bonjour » a un sens réel et consiste à faire plusieurs choses en même temps. Premièrement, c'est une façon de respecter et de se conformer à des conventions en vigueur dans un groupe social : d'ailleurs, une personne qui ne dirait pas bonjour aux autres, dans une entreprise par exemple, prendrait le risque d'être jugée, d'être extrêmement mal vue, voire complètement rejetée par les autres. Cela permet aussi de reconnaître la présence de l'autre et d'entamer un processus de communication (c'est-à-dire la plupart du temps enclencher la conversation). Et enfin, cela permet de donner ou de reconnaître un statut à son interlocuteur, que ce statut soit hiérarchique et/ou affectif. D'ailleurs, on peut en dire long sur deux personnes rien qu'en regardant la façon dont elles se saluent...

Un exemple flagrant et bien connu est celui des saluts nippons. Dans ce pays très codifié et hiérarchisé (un héritage du confucianisme), gare à celui qui, en disant bonjour de la mauvaise façon, ne respecte pas la position hiérarchique de l'autre ! Par exemple, tandis que le PDG d'une entreprise se contentera d'un petit signe de tête pour saluer un subordonné, ce dernier, suivant sa position dans l'entreprise, pourra aller jusqu'à se courber à 90 degrés ! Mieux vaut donc être souple au pays du Soleil-Levant !

Les trois phases de la salutation

Nous distinguons trois phases dans le processus de salutation. La phase de reconnaissance correspond au moment où les protagonistes se remarquent et se reconnaissent. Ce moment est souvent accompagné d'un léger arrêt du corps. Ce qui est stupéfiant, c'est que dès ce moment-là, et sans que d'autres signaux soient échangés, on sait déjà pertinemment comment on va dire bonjour à l'autre, rien que dans la façon dont on s'est « reconnu »! En effet, selon le degré d'intimité, les signaux de reconnaissance peuvent aller de la politesse (sourcil levé, sourire léger, petit signe de mains) à un enthousiasme franc (signes frénétiques des bras, rire, paroles fortes humoristiques...), qui laissent facilement présager de la suite des événements. Mais il peut évidemment y avoir des situations embarrassantes, par exemple quand on remarque un collègue de bureau (ou un supérieur hiérarchique) dans une situation ou un lieu qui relève plutôt de la vie privée... On notera d'ailleurs qu'à ce moment-là, le subordonné attend de voir comment son « boss » se comporte afin de s'aligner sur son comportement...

Après la phase de reconnaissance suivent la phase d'approche (plus ou moins longue suivant la distance et l'enthousiasme mis pour rejoindre l'autre personne...) et la phase de rencontre à proprement dite, où, en général, les protagonistes se diront véritablement « bonjour », en accompagnant la parole du geste adéquat: signe de tête, poignée de main, bise, voire étreinte, ou même baiser sur la bouche...

Salutations (in)égalitaires

La phase de rencontre permet, elle, de réellement situer le rapport entre les deux personnes ou le statut hiérarchique de chacun, s'il y en a un. Ainsi, il y a deux formes de saluts : les saluts asymétriques, qui démontreront la supériorité d'une des parties sur l'autre, et les saluts symétriques, comme la bise ou l'étreinte, qui, au contraire, confirmeront aux deux protagonistes qu'ils sont sur un pied d'égalité. Ce sera le cas pour deux amis qui se retrouvent. La poignée de main serait, elle, à ranger dans une catégorie à part, en raison de ses nombreuses subtilités : de prime abord, elle apparaît symétrique, mais il ne faut surtout pas se fier aux apparences...

Les exemples de salutations asymétriques sont très nombreux, car ils sont forcément beaucoup plus codifiés. Si on remonte dans l'histoire de France, on peut, par exemple, parler des révérences que l'on faisait à la cour du roi, que l'on marquait plus ou moins selon le statut de son interlocuteur, et qui pouvait aller jusqu'à la génuflexion (voire au baiser du pied) quand on saluait son suzerain. On pouvait même voir, en observant ces courbettes et ces signes de tête, qui était en grâce ou en disgrâce à la cour... D'ailleurs, l'étiquette, encore en cours dans les sphères mondaines, a toujours été très pointilleuse sur les rituels de salutation entre personnes de bonne société... Encore maintenant, nous faisons des saluts asymétriques de façon très naturelle : à qui viendrait-il l'idée de taper dans le dos du pape ?

À RETENIR

De petits bijoux de complexité

Le salut recèle en quelques gestes bien précis, et alors qu'il ne dure souvent qu'une ou deux secondes, des trésors de diplomatie et d'intelligence sociale, car il assure plusieurs fonctions en société. Ainsi, saluer autrui permet de s'intégrer dans un groupe aux coutumes bien définies, de reconnaître son interlocuteur et de se positionner face à lui.

Trois phases distinctes

Ainsi, toute salutation passe obligatoirement par trois phases, faites de façon conjointe et parfois même simultanée : la phase de reconnaissance (où l'on se « reconnaît »), la phase d'approche (où l'on se prépare au salut), enfin la phase de rencontre à proprement parler. Ainsi, les deux premières phases déterminent de façon quasi automatique la troisième.

Salutations (a)symétriques

Ces phases se distinguent aussi par leurs caractères symétriques (si les deux personnes sont de même statut) ou asymétriques. Les saluts asymétriques sont bien sûr soumis à une étiquette plus ou moins importante selon la culture et le niveau social… Et en général, plus on monte dans l'échelle sociale, plus se dire bonjour devient compliqué !

La bise à droite

Quand on fait la bise à quelqu'un et qu'on lui montre en premier la joue droite, cela signifie que l'on garde quelques réserves envers lui, ou que l'on n'est pas très intime avec lui, car le côté droit de notre corps est dirigé par l'hémisphère gauche de notre cerveau, celui de la froideur logique...

La bise à gauche

Quand on fait la bise à quelqu'un et qu'on lui montre en premier la joue gauche, cela montre une certaine intimité ou une envie de mieux connaître son interlocuteur. En effet, le côté gauche de notre corps est dirigé par l'hémisphère droit de notre cerveau, celui des émotions et de la communication.

Les sourcils qui saluent

Ce geste est fréquent : les sourcils se relèvent, la tête fait un léger mouvement vers l'arrière. Il est en général utilisé à distance, avant d'enchaîner avec un autre rituel de salutation. Il signifie : « Je te reconnais. » Sa particularité est qu'on ne l'utilise qu'avec les gens que l'on apprécie.

Sourire fermé

Le sourire fermé est celui qui plisse les lèvres, mais sans les ouvrir. C'est un sourire réservé, qui peut avoir plusieurs explications : la personne peut être complexée par ses dents gâtées, elle peut également être gênée et sourire par complaisance, ou enfin être une vraie maniaque du contrôle.

Une bonne poignée de main

« Pour deviner la nationalité d'un homme, il suffit de le présenter à une jolie femme. S'il lui serre la main, c'est un Anglais ; s'il la lui baise, un Français ; s'il lui demande rendez-vous, un Américain ; s'il câble à Moscou pour instructions, un Russe. »

Anonyme

Témoignage

« J'ai travaillé pendant quelques années en tant que maître d'hôtel dans un restaurant de luxe parisien. Et je me rappelle que mon directeur n'était vraiment pas commode. C'était un homme assez jeune, qui n'avait pas beaucoup d'expérience dans le métier, et qui s'était retrouvé propulsé directeur somme toute un peu par hasard, peut-être parce que c'était avant tout un bon gestionnaire et qu'il savait tenir ses chiffres. Bref, pour nous, il n'avait pas tout à fait les épaules pour supporter le job, je pense. Et puis franchement, au niveau commercial, il était vraiment nul : il n'avait aucun charisme. Les clients ne le connaissaient même pas et le prenaient en général pour le comptable. Pour moi, c'était quelqu'un qui manquait de confiance en lui et qui devait en quelque sorte « compenser » ses faiblesses en se montrant très agressif : combien de fois nous a-t-il crié dessus parce qu'on ne vendait pas assez de fruits de mer ou de bouteilles de vin ! Il faisait son petit chef, mais on n'était pas dupes !

Et vous savez ce qui m'a le plus marquée chez lui ? Sa poignée de main. Nous avions la hantise de devoir lui serrer la main (surtout les filles, parce qu'on avait souvent des bagues). Il s'amusait à nous serrer la main très fort, à la limite de la douleur, et il nous la tenait pendant trois plombes en nous regardant avec un air de défi… Et même quand on faisait la grimace parce qu'il nous faisait mal, il continuait en souriant… Si ça, ce n'était pas une manière de compenser… »

Sarah, 32 ans

Un peu de théorie

Un geste symbolique

À l'origine, la poignée de main n'était pas un geste de salutation, mais plutôt un signe de paix, qui revenait à dire : « *Je suis venu sans arme, regarde, je te le prouve en te serrant la main.* » Plus tard, c'est devenu le geste employé pour sceller un contrat entre deux personnes. Il n'a été employé à grande échelle pour saluer autrui qu'au cours du xixe siècle, sous l'ère victorienne en Angleterre, et il s'est démocratisé au même moment. Ainsi, grâce à son histoire et à ses différents rôles, ce geste est devenu très symbolique. À l'origine, on se serre la main entre pairs, entre personnes faites du même métal, après avoir âprement négocié, pour montrer qu'on est d'accord et comme pour faire la paix...

D'ailleurs, la symbolique de ce geste est encore présente lors des rencontres internationales de chefs d'États, où de nombreuses photos de poignées de main sont prises, comme pour attester de la bonne entente entre deux nations et pour nous rassurer sur les décisions qui ont été prises. A contrario, refuser de serrer la main est un geste lourd de sens et même un affront, et peut déclencher un véritable incident diplomatique. On se souvient ainsi du Prince Charles qui, en 1978, refusa de serrer la main du sanguinaire Amin Dada, alors dictateur de l'Ouganda.

Aujourd'hui, serrer la main de son interlocuteur est un acte que l'on fait couramment, presque machinalement. Pourtant, c'est un acte très révélateur, qui véhicule beaucoup d'indices sur la personne à qui l'on serre la main.

Domination et soumission

En apparence, la poignée de main est un acte symétrique, puisque les deux personnes font le même geste. Mais la réalité est toute autre. Une poignée de main en dit beaucoup sur la personnalité et l'état d'esprit du moment des intervenants. Elle peut révéler des jeux de pouvoir, de domination ou de soumission, et ainsi mettre à jour certaines intentions : volonté de prendre le dessus, d'impressionner... De fait, ne vous est-il jamais arrivé de serrer la main d'une personne et d'en déduire immédiatement un trait de caractère ? Une forte poigne ou au contraire une certaine mollesse ?

Ainsi, quand on se serre la main, on observe plusieurs facteurs. Premièrement, l'attitude du corps en général : qui tend la main le premier ? Souvent, la personne dominante attend, de façon instinctive ou consciente, que l'autre fasse le geste en premier, qu'il vienne à lui. Deuxièmement, l'expression du visage : certaines poignées de mains se reflètent sur le visage. Mâchoires serrées et regard déterminé donnent une poignée de main virile, alors qu'un sourire, un regard bienveillant et une attitude ouverte font d'une poignée de main un acte chaleureux. Enfin, on peut observer la poignée de main en elle-même : sa force (faible, modérée, forte), son engagement (du bout des doigts ou bien ancrée), ou encore la durée de la « secousse ». Mais attention, là encore, c'est l'ensemble qu'il faut regarder, et non pas seulement les détails pris séparément... Sans oublier certaines coutumes culturelles...

Des standards différents

En Europe, nous avons une idée assez précise d'« une bonne poignée de main ». Cette dernière doit être faite à peu près à mi-chemin entre les deux personnes (il est ainsi incorrect de « tirer » l'autre dans son territoire, comme il est mal vu d'allonger complètement le bras pour tenir l'autre à distance). elle doit démontrer un rapport équilibré. Les mains doivent se présenter de façon symétrique (aucune ne doit prendre le dessus), et il est important qu'elles s'emboîtent jusqu'au creux du pouce (en gros, jusqu'à la « garde »), donnant ainsi une bonne prise à l'autre, et une impression d'engagement réel, sans oublier le regard, ouvert, et le sourire franc. La durée ne doit pas excéder une ou deux secondes : une personne qui se cramponne à notre main étant vue comme intrusive ou manquant de finesse.

Cependant, ces standards ne sont pas les mêmes partout. En Afrique, par exemple, les poignées de main sont assez mollassonnes (surtout envers les femmes), ce qui fait que les Françaises et Français ont souvent des a priori négatifs après avoir serré la main d'un Africain, prenant cette mollesse pour un trait de caractère, comme un manque d'entrain ou d'engagement. Autre geste fréquent en France pour prouver son affection : on attrape le bras de l'autre pendant qu'on lui serre la main. En Afrique encore, cela ne se fait pas non plus (ainsi que dans d'autres pays moins « tactiles », comme le Japon), sauf quand il s'agit d'une personne âgée à qui on va montrer une certaine déférence…

À RETENIR

Une grande portée symbolique

Contrairement à ce que l'on pense, une poignée de main n'est pas un geste anodin. Il véhicule des valeurs de paix, de respect, de non-agression. Les hommes politiques se mettent ainsi souvent en scène en train de se serrer la main, pour montrer à leurs peuples qu'ils ont enterré la hache de guerre… même si on n'est pas obligé de les croire !

Qui serre la main de qui ?

Et pourtant, malgré ces valeurs égalitaires, dans une poignée de main, on retrouve souvent une personne dominante et une autre dominée. Tout est subtil, mais bien réel : l'attitude, le regard, la force, la durée de l'échange doivent être pris en compte, et nous influencent automatiquement sur l'opinion que l'on se fait de son interlocuteur.

Qu'est-ce qu'une bonne poignée de main ?

En France, une bonne poignée de main est une poignée de main vigoureuse (mais pas trop !) et souriante. Cependant les poignées de main diffèrent dans le monde (certains peuples comme les Thaïlandais s'en passent même complètement dans leurs rapports sociaux)… Attention donc à ne pas juger trop hâtivement les poignées de main internationales !

L'origine de la poignée de main

C'était à l'origine un geste qui signifiait « je suis sans arme », puis c'est devenu un geste de salutation et une façon de dire « marché conclu ». C'est un geste hautement symbolique, car il est dit symétrique : il induit l'idée d'égalité, même si les choses ne sont pas toujours aussi simples !

La bonne poignée de main

Une bonne poignée de main implique plusieurs facteurs. D'abord, votre main doit être bien ferme et sèche, sa pression adaptée. De plus, votre main doit venir épouser étroitement l'autre main, « jusqu'à la garde ». Enfin, il est crucial de garder le sourire et le contact visuel avec l'interlocuteur.

La poignée de main broyeuse

Les femmes la redoutent car elle peut être très douloureuse, surtout si leur interlocuteur ne prend pas complètement leur main, mais seulement leurs doigts. Elle signifie : « Je suis le chef et j'aime le montrer », bien qu'elle dénote aussi une façon de compenser un certain manque de confiance en soi.

La poignée de main molle

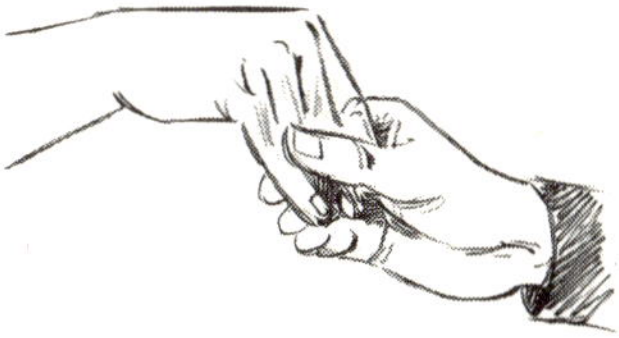

Cette poignée de main est souvent désagréable, car on pense tout de suite que la personne qui serre la main ainsi est passive, peu impliquée ou amorphe. Ce peut aussi être un signe de condescendance, qui sous-entend : « Vous n'êtes pas digne de me serrer la main, j'y mettrai donc peu d'implication. »

La poignée de main crampon

C'est celle qui ne vous lâche pas, qui vous agrippe plus longtemps que nécessaire. Elle est le fait d'une personne qui aime commander, contrôler, et qui souhaite choisir elle-même le moment où elle vous lâchera. De fait, il est très difficile de s'en dégager, ne serait-ce que par politesse !

La poignée de main asymétrique

Elle induit un rapport de force, comme dans un rapport hiérarchique. Ainsi, le subordonné qui serre la main de son supérieur fera l'effort de tendre la main loin de son corps, alors que son supérieur gardera le bras assez près du corps. C'est toujours celui qui fait le moins d'efforts qui domine !

La poignée de main appuyée

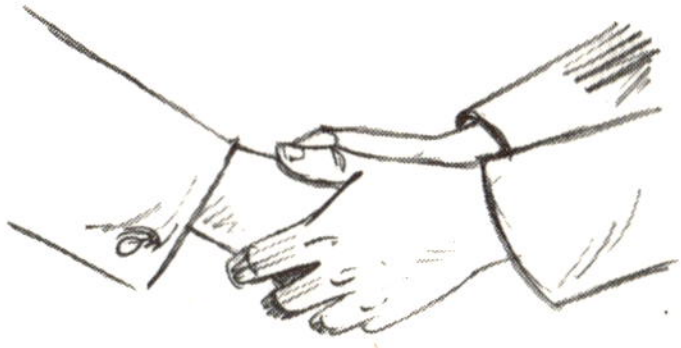

La poignée de main appuyée se fait à deux mains : vous enserrez la main de l'autre dans vos deux mains. C'est en règle générale un geste amical plus que cordial, mais il peut aussi induire l'idée de contrôle, voire de domination, surtout quand la deuxième main se place sur l'épaule ou le bras.

La poignée de main humide

Celle-ci est très désagréable, et ne constitue en rien un atout pour faire une bonne première impression ! Mais montrez-vous indulgent, car des mains moites sont en grande majorité dues à l'anxiété. De plus, la transpiration est un facteur sur lequel nous n'avons malheureusement que peu de prise...

La poignée de main dominante

Dans un rapport égalitaire, les deux mains sont tendues de façon verticale. Mais si votre interlocuteur effectue une rotation de l'avant-bras de façon à ce que sa main prenne le dessus sur la vôtre (vous lui montrez ainsi votre paume), alors c'est qu'il essaie de prendre l'ascendant sur vous...

La poignée de main lascive

Celle-ci est très féminine. C'est une poignée de main plutôt molle, ou plutôt alanguie, qui sous-entend : « Je suis sans force devant un homme comme vous », et qui constitue sans aucun doute une tentative de séduction, surtout si elle est accompagnée d'un sourire mutin, la tête penchée sur le côté...

La poignée de main « piégée »

Celle-ci est plutôt masculine et intervient dans un rapport de séduction. L'homme serre la main de son interlocutrice et la tire (doucement !) pour ramener le corps de cette dernière vers lui, dans son espace vital. Si, en outre, il la regarde dans les yeux, le piège est on ne peut plus transparent !

Qui tend la main en premier ?

Le timing est important en matière de poignée de main. Ainsi, celui qui tend la main en premier se met implicitement en position de soumission. Souvenez-vous : ne vous êtes-vous jamais senti ridicule à force de tendre la main à quelqu'un qui ne la prend pas (même si cela n'est pas fait exprès) ?

La première impression

« Particularité incontournable de l'image que nous donnons à voir, elle précède la parole et l'accompagne, et subsiste encore quand nous en avons terminé. »

Guy Barrier

Témoignage

« Je pense être quelqu'un d'assez intuitif : en général, je sais très vite si les personnes que je rencontre me plaisent ou pas, et la suite des événements dément rarement ma première impression. Évidemment, je peux me tromper, et puis je dois avouer que quand je rencontre une personne et qu'elle ne me plaît pas, c'est vrai que je lui laisse rarement la latitude de me faire changer d'avis… Ce qui m'a intrigué, une fois, c'est quand j'ai rencontré une collègue, qui travaillait sur un autre site que le mien. À vrai dire, tout le monde m'en avait fait des éloges et, à première vue, ses résultats paraissaient impressionnants : elle avait réussi à augmenter la productivité de son service de 25 % en seulement six mois. En revanche, quand je l'ai rencontrée, je l'ai trouvée très antipathique ! Je ne savais pas pourquoi, mais les faits étaient là : ma première impression était négative. J'ai essayé de ne rien laisser paraître, mais je crois qu'elle l'a senti aussi, et nous ne nous sommes quasiment pas parlé de la journée. Par la suite, je me suis demandé pourquoi cette femme avait provoqué une telle répulsion en moi, et je me suis aperçu, mais bien plus tard, qu'elle me rappelait la baby-sitter qui me gardait quand j'étais jeune, et que je ne pouvais pas supporter. Et je me suis dit que mes premières impressions étaient parfois conditionnées par des souvenirs bizarres… Depuis, j'essaie d'être un peu plus objectif, mais bon, je crois que l'on ne peut rien faire contre cela ! »

Damien, 36 ans

Un peu de théorie

Les stéréotypes physiques

L'être humain se sert en temps normal de ses cinq sens, bien que l'un d'entre eux soit en général prédominant face aux quatre autres. Ainsi, sans surprise, nous accordons énormément de crédit à ce que nous voyons, et c'est donc l'allure physique d'autrui qui va le plus conditionner notre jugement. Ainsi, il est prouvé que nous nous faisons une idée sur une personne dans les premières secondes où nous la rencontrons, que ce soit un jugement sur son potentiel sexuel (« Cette personne m'attire-t-elle ? »), ou amical (« M'inspire-t-elle de la sympathie ? ») ou sur ses compétences professionnelles (« A-t-elle l'air sérieux ? »). Mais sur quelles bases nous fondons-nous pour juger les autres ? En fait, il semblerait que certains stéréotypes physiques soient très puissants sur notre faculté de jugement, ces stéréotypes étant bien sûr en lien avec l'époque et la société dans lesquelles nous vivons. Ainsi, nous avons par exemple une tendance à juger les personnes obèses comme des personnes de peu de volonté, molles et d'un niveau social peu élevé (la plupart des personnes obèses sont, en effet, des personnes avec peu de moyens financiers). Alors que si l'on remonte dans l'histoire, les personnes en surpoids ont longtemps été considérées comme attirantes : il n'y a qu'à regarder certains tableaux de la Renaissance pour s'en convaincre. De même, nous avons tendance à associer la bonté et la beauté, les lunettes et l'intelligence, ou encore les piercings et la marginalité.

Le cerveau émotionnel, siège de la 1re impression

Mais d'autres critères vont être pris en compte dans le jugement immédiat qu'on se fait sur les gens : notre propre vision des choses. En effet, toutes les personnes que nous rencontrons, toutes les interactions que nous avons avec les individus s'enregistrent automatiquement dans notre cerveau émotionnel, qui est aussi le cerveau de la mémoire à long terme. Ce cerveau fonctionne essentiellement sur la recherche de plaisir. Il regroupe ainsi toutes les informations sur les choses et les gens que nous aimons ou que nous détestons, et tend à faire des comparaisons très rapidement, pour améliorer notamment nos chances de survie et maximiser le nombre de sentiments positifs ressentis. Si par exemple, il nous est arrivé de nous faire agresser par un jeune avec des dreadlocks, il y a de fortes chances pour que nous nous méfiions par la suite de tous les jeunes ayant la même particularité que lui. Et *de facto*, notre comportement changera également : nous aurons notamment une gestuelle moins ouverte, plus étriquée, qui sera interprétée comme une forme de rejet et qui provoquera chez l'autre des réactions de fermeture… Nous pourrons ainsi nous dire que nous avions bien raison de nous méfier de ce jeune car il paraît bien antipathique : c'est le serpent qui se mord la queue ! Le mauvais pressentiment que l'on a envers quelqu'un est donc, bien souvent, provoqué par notre propre regard, le résultat de l'intégration de certains stéréotypes alliée à la remontée de traumatismes inconscients…

On préfère ce que l'on connaît

Parallèlement à cela, il est incontestable que l'on préfère en général ce que l'on connaît, ce qui nous rassure et que l'on repousse donc naturellement ce que l'on ne connaît pas et qui peut constituer un danger. C'est une tendance normale chez l'humain, puisque c'est notre instinct de survie qui nous dicte ce comportement et qui nous a ainsi sauvés plusieurs fois : si nos ancêtres s'étaient innocemment aventurés sur des terrains inconnus sans se méfier, il est évident que nous ne serions certainement plus là pour nous poser ces questions... Nous donnons donc la préférence à des éléments qui nous rappellent quelque chose de connu, de familier, et accessoirement quelque chose de plutôt connoté de façon positive (cf. les dreadlocks !). C'est pour cela que les recruteurs ont par exemple tendance à choisir des personnes qui ont le même parcours qu'eux, qui ont fait la même école, qui ont les mêmes compétences, etc. Car effectivement, la personne que l'on connaît le mieux est en général soi-même ! Par exemple, il est prouvé que nous trouvons plus jolie une personne qui a les mêmes origines et les mêmes caractéristiques physiques que nous : un Papou trouvera une Papoue plus jolie qu'une Européenne, et vice-versa, même si notre évolution et la mondialisation croissante tendent à homogénéiser les standards de beauté. Ainsi, les hommes sont attirés par des femmes plus jeunes, autant par un souci de reproduction dû à notre évolution que par un « jeunisme » social ambiant et prédominant...

À RETENIR

La vue, le premier de nos sens

Nous utilisons en effet essentiellement nos yeux pour juger autrui, bien que d'autres facteurs puissent également jouer, de façon plus mineure. Ainsi, nous avons intégré certains stéréotypes physiques et faisons de certaines caractéristiques des généralités. Même si ces généralités ne sont vraies que dans certaines parties du globe et à certaines époques !

Notre histoire, un autre filtre puissant

Notre vécu et nos traumatismes sont aussi impliqués, quand il s'agit de juger autrui. Ainsi, si notre cerveau émotionnel a enregistré des souvenirs négatifs à propos d'un certain type d'individus, nous allons naturellement avoir une mauvaise première impression dès lors que nous rencontrerons d'autres personnes ayant les mêmes caractéristiques.

Je te reconnais donc je t'apprécie

Enfin, nous avons naturellement peur face à l'inconnu, ce qui nous pousse à chercher chez les autres des points communs avec ce que nous connaissons déjà, qui se trouve souvent être… nous-mêmes. Ainsi, les personnes que nous apprécions le plus sont en général celles qui nous ressemblent le plus. Pensez-y la prochaine fois que vous rencontrerez quelqu'un !

Les doigts croisés, pouces collés

Si votre interlocuteur vous écoute en ayant les mains en appui sur la table, les doigts croisés, en collant les pulpes de ses deux pouces l'une à l'autre, vous n'êtes pas en très bonne posture : il ne se montrera pas très coopératif, et commence même à regretter d'avoir commencé cette discussion !

La jambe sur l'accoudoir

Ce geste, qui paraît très cavalier, est plutôt utilisé par des ados en manque d'énergie. Il est évidemment à proscrire dans le domaine professionnel, car il signifie deux choses très négatives : le manque d'énergie, d'abord, et ensuite, le manque d'implication, voire l'indifférence la plus totale.

Les perfectionnistes

Les perfectionnistes aiment l'ordre et le respect des codes. Toujours tirés à quatre épingles : ils détestent l'approximation. Leurs gestes sont posés et symétriques. Leur sens de l'ordre s'exprime par de petits gestes, comme remettre leurs couverts bien droits sur le set au restaurant par exemple.

L'annexion du territoire

Si vous voulez savoir si votre interlocuteur a un profil dominant ou dominé, regardez seulement la façon dont il occupe l'espace. Une personne dominante occupe énormément d'espace, et peut même annexer le vôtre avec ses jambes ou ses bras, en faisant par exemple des mouvements d'extension amples.

Les gestes dominants

« Occuper l'espace est le meilleur signe de la confiance en soi ou de l'aisance. »

Wu Donway

Témoignage

« J'ai toujours été quelqu'un de plutôt discret, mais ce n'est pas le cas de tout le monde dans ma famille ! Mon père, par exemple, est mon exact opposé, et je me suis souvent dit que c'était peut-être pour cela qu'on ne s'était jamais entendu, lui et moi. Je crois qu'il aurait aimé que je lui ressemble plus, mais pour moi, cela me paraît impossible que je puisse un jour avoir le même comportement que lui !

Par exemple, c'est quelqu'un qui a toujours aimé être au centre de l'attention de tout le monde. C'est flagrant lorsqu'on fait des réunions de famille. Aux repas, c'est toujours lui qui va se débrouiller pour se mettre en bout de table, même s'il n'est pas le "chef de famille" à ce moment-là, d'ailleurs : il dit qu'il aime bien "garder un œil sur ses ouailles"*... Ce qui pour moi veut tout dire, vu qu'il se considère comme Dieu le Père... ou le Parrain, au choix. Et je ne vous parle pas de sa façon de monopoliser la parole dès qu'on commence à discuter ! C'est toujours lui qui a pêché la plus grosse truite, c'est toujours lui qui a la plus grosse maison, la plus belle voiture, et même la plus belle femme (ma mère a toujours été son plus beau trophée, qu'il exhibe de temps en temps au restaurant, parée de tous ses bijoux...). Je pense qu'il n'écoute même pas les autres, il est trop occupé à s'écouter lui-même... Le pire, c'est que tout le monde paraît ne pas faire attention à tout cela... Peut-être est-ce parce que c'est toujours lui qui invite tout le monde à ses frais... »*

Aymeric, 39 ans

Un peu de théorie

Comme des animaux ?

L'homme est un animal social qui vit dans des groupes plus ou moins importants. Pour que ces groupes fonctionnent bien et vivent en harmonie, il a été nécessaire de les organiser en suivant certaines règles. Et quelles sont ces règles ? Ni plus ni moins les mêmes (à quelque chose près) que celles qui régissent la plupart des sociétés animales : tout d'abord, il y a une hiérarchisation des individus. Cette hiérarchisation de la société vise notamment à réguler la reproduction, à diminuer les conflits grâce à l'arbitrage d'une personne placée au-dessus du groupe, et à faire en sorte que la société fonctionne de manière « harmonieuse ». Certaines personnes vont donc dominer les autres, d'autres vont se soumettre. Ainsi, au quotidien, nous passons énormément de temps à évaluer, de façon consciente ou inconsciente, le potentiel de domination de ceux que nous rencontrons, et la réponse à la question « cette personne est-elle dominante » est, malgré notre degré de civilisation, un de nos critères de jugement quand il s'agit de se faire une opinion sur quelqu'un. D'ailleurs, dans notre société moderne, le « leadership » est une qualité importante et valorisée, que tous les dirigeants se doivent de posséder, pour pouvoir accéder aux plus hautes fonctions… Mais comment un homme ou une femme peuvent-ils montrer, via leur corps, qu'ils dominent les autres ? Quels sont les indices corporels qui vont prouver que telle ou telle personne est dominante ? C'est ce que nous allons voir ici.

Une question de… génétique

La taille, tout d'abord, est déterminante : c'est injuste mais c'est ainsi ! Plus on est grand, plus on a de chances de paraître naturellement dominant. À moins de ne pas assumer sa haute taille et de sembler mal à l'aise. L'une des façons d'être dominant est donc d'avoir l'air plus grand que les autres (certains hommes politiques portent des talonnettes pour compenser leur petite taille...). La posture dominante (en station debout) sera donc une posture très droite, dégageant une forte impression de solidité. Ainsi, les personnes dominantes auront tendance à avoir les épaules en arrière, le menton relevé, la tête haute, avec, très souvent, les jambes relativement écartées, de façon à être solidement ancrées au sol. On appelle ces postures des postures en extension. On peut les observer chez les chanteurs de rock lors de leur concert ou chez les sportifs qui prennent souvent ce genre d'attitudes quand ils gagnent, en faisant, par exemple, des gestes projetés vers le haut.

Une autre manifestation de domination est l'agressivité, la combativité d'une personne. Certaines paraîtront naturellement plus agressives que d'autres. Par exemple, quelqu'un avec une mâchoire très carrée aura naturellement un physique dominant. En effet, une mâchoire carrée est souvent le signe d'une personne très « riche » en testostérone, qui est connue comme l'hormone de l'agressivité... Évidemment, les hommes sont donc naturellement mieux lotis que les femmes en ce qui concerne la testostérone...

Une question de territoire ?

À la base, le but de toute domination a toujours été d'annexer le plus de territoires possible en les soustrayant aux autres. Car plus de territoires signifiait clairement plus de possessions, plus de nourriture et plus de partenaires sexuels. De fait, une personne dominante prendra beaucoup plus de place que les autres donc elle voudra tout plus grand. Il n'y a qu'à voir les bureaux, les voitures ou les maisons des personnes de pouvoir... De même, lors d'une réunion, les personnes dominantes s'assoiront de préférence à la meilleure place, en bout de table, de façon à pouvoir observer leur petit monde. D'ailleurs, les formateurs qui animent des séminaires professionnels observent toujours la façon dont les stagiaires se placent le premier jour. Si les tables sont placées en « U », il y a de grandes chances pour que la « forte tête » se mette pile en face du formateur, au centre de tous les autres, cette place étant symboliquement celle de l'affrontement pour la domination. Regardez deux bêtes qui s'affrontent : elles se mettront en face l'une de l'autre, mais jamais de côté ! Ce n'est que lorsque l'une a pris le dessus sur l'autre que cette dernière va lui montrer son flanc (ou son derrière...), c'est-à-dire ses points vulnérables, tout en prenant une position basse (tous les propriétaires d'animaux domestiques – chiens ou chats – connaissent bien cette gestuelle)... Comme quoi, de l'homme à l'animal, la frontière est souvent plus ténue qu'on voudrait bien l'admettre...

À RETENIR

La domination : une notion inévitable en société

En effet, il en a toujours été ainsi, chez les hommes comme chez les animaux qui vivent en société : l'émergence de dominants et de dominés est absolument inéluctable, notamment pour des questions de régulation dans le groupe. Ainsi, encore maintenant, nous passons beaucoup de temps à nous positionner et à juger le positionnement des autres.

Si si... la taille compte !

En effet, certains critères physiques vont confirmer le pouvoir de domination d'une personne plus facilement. Par exemple, pour paraître dominant, il faut déjà paraître (plus) grand (que les autres)... D'où l'utilisation de certaines postures, dites « en extension ». De même, une posture et une gestuelle agressives vous feront paraître plus dominant.

Mon territoire est plus grand que le tien...

Une autre manifestation de domination est le fait de prendre plus de place que les autres : ce peut-être au niveau spatial (avoir un plus grand bureau, faire de plus grands gestes...) ou encore au niveau sonore. Mais ce peut être aussi le fait de prendre « la place du chef » : la place centrale, d'où il sera facile d'observer tous les autres...

Le poing enveloppé

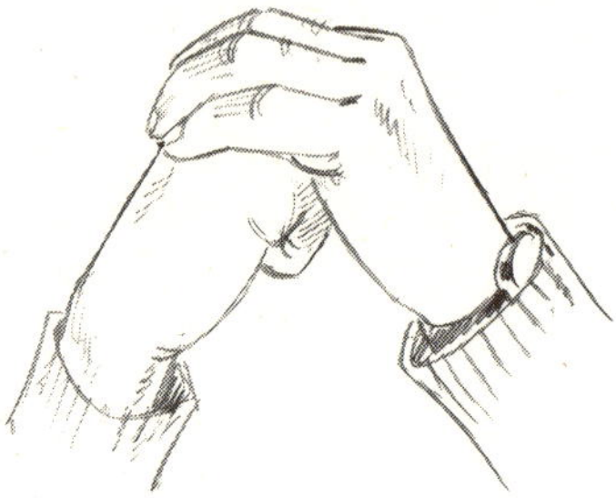

Ce geste, une main qui enveloppe l'autre main fermée en poing, est un geste d'agressivité larvée (surtout si la personne en profite pour faire craquer ses os !). Celui qui fait ce geste déborde de combativité, et ronge son frein avant de pouvoir asséner ses arguments (ou son poing sur la table).

Détourner la tête vers la droite

Si, dans une discussion ou après une question, votre interlocuteur détourne légèrement la tête vers la droite avant de répondre, c'est souvent le signe qu'il est en désaccord avec vous et qu'il va l'exprimer avec toute sa combativité... Car on fait toujours ce geste avant de donner un coup de poing !

Les mains sur les hanches

Cette posture est rattachée à la colère, surtout si les mains sur les hanches sont refermées en poing et que le visage devient menaçant. Et c'est en effet le cas : cette posture permet de paraître plus impressionnant, en augmentant son volume corporel, et de valoriser ses bras, prêts à frapper.

Profil logique

Quand vous croisez vos mains, l'un de vos pouces domine forcément l'autre. Si ce pouce est le droit, c'est que vous êtes plutôt dominé par votre cerveau gauche (qui dirige le côté droit de votre corps), le « cerveau gauche » étant la partie la plus logique, froide et calculatrice du cerveau.

Les gestes de la soumission

« La soumission désarme la colère, alors que la domination l'encourage. »

Proverbe français

Témoignage

« Bastien, mon ex-copain, a toujours été quelqu'un d'assez fier, d'assez orgueilleux même. Avec mes copines, on l'appelait même le "mâle alpha", en référence aux gorilles à dos argenté ! Par exemple, il n'a jamais supporté qu'on s'oppose à lui ni qu'on le critique, surtout en public. On peut même dire que je le trouvais "chiant" parfois (pardon !), parce qu'il se prenait beaucoup trop au sérieux et n'avait que très peu d'autodérision... (c'est une des raisons pour lesquelles c'est devenu un ex d'ailleurs !). Bref, ce n'était pas quelqu'un à qui on cherchait des ennuis, car il démarrait au quart de tour dès qu'il se sentait attaqué... Je vous dis ça pour que vous compreniez ma surprise quand, par hasard, nous avons rencontré un jour son patron, lors d'un match de rugby. J'ai vu Bastien se transformer littéralement ! Deux minutes avant, il faisait le coq de basse-cour devant moi, à se vanter qu'il avait fait ci ou ça, et l'instant d'après, on aurait dit un chiot qui se faisait gronder par son maître... C'était incroyable ! En deux secondes, je l'ai vu baisser la tête, et regarder son boss par en dessous, comme un jeune écolier ! Bref, son patron nous a parlé quelques instants, et a demandé à Bastien s'il était possible qu'il reste deux ou trois heures de plus le lendemain parce qu'ils avaient une grosse commande à honorer et pas assez de main-d'œuvre... Évidemment, Bastien s'est empressé d'accepter... comme quoi, j'aurais peut-être dû m'y prendre autrement avec lui ! »

Agdéna, 24 ans

UN PEU DE THÉORIE

Objectifs : plaire et passer inaperçu(e)

De manière générale, les personnes se retrouvant en position d'infériorité ressentent souvent une sorte de diminution momentanée de confiance en elles. Cette baisse de confiance traduit une peur de ne pas être à la hauteur face aux situations, d'être mal jugées par les autres, que ce soit sur leur apparence, leur physique ou sur leurs compétences. Cette baisse d'assertivité (assertivité est synonyme d'affirmation de soi) s'exprime alors de deux façons différentes. Première solution : plaire à son interlocuteur en multipliant les signes de soumission et en essayant de l'amadouer par une attitude aux antipodes de la domination (comme Agdéna a pu l'expérimenter de façon surprenante en regardant l'attitude de son ex-compagnon en face de son supérieur hiérarchique). Deuxième solution : paraître transparent et essayer de passer inaperçu, pour se soustraire au regard des autres personnes et ainsi éviter leur jugement. Cela est notamment flagrant chez les jeunes, qui ont souvent une attitude ambivalente, voire paradoxale : ils ont à la fois une volonté de plaire (c'est l'âge des premières expériences amoureuses) et une volonté de ne pas se mettre en « danger » en évitant d'attirer l'attention sur eux. Ainsi, l'on peut voir nombre de jeunes filles se maquiller de façon parfois outrancière, tout en cachant leurs formes derrière des vêtements peu flatteurs ou de couleur sombre... Cette ambivalence se retrouvera ainsi chez toute personne « soumise », et ce, même à l'âge adulte.

Les postures de soumission

On peut remarquer que certains signes de soumission sont révélateurs de cet état. Au niveau de la posture, c'est assez flagrant : alors que les personnes dominantes s'expriment par des postures en extension, en ouverture, avec des gestes amples, les personnes soumises (même momentanément !) vont adopter une gestuelle étriquée et une posture en contraction, c'est-à-dire que par leur position elles vont permettre de « prouver » qu'elles ne représentent aucun danger pour les autres. Elles vont ainsi se faire plus petites pour paraître plus vulnérables. Par exemple, si la personne soumise est debout, elle fera tout pour prendre le moins de place possible : les jambes seront serrées, la tête baissée ou rentrée dans les épaules et ces dernières seront plus tombantes ou plus voûtées. Ceci est d'autant plus flagrant quand le dominant est assis et que le dominé doit demeurer debout. Le fait de rester assis étant, dans ce cas-là, une façon de dire : *« Je n'ai pas besoin de me lever pour vous. »*

En position assise, la personne soumise aura le même souci de ne pas se faire remarquer : la posture sera très contractée, le corps ramassé sur lui-même, les jambes pliées, ou croisées, avec parfois les pieds sous la chaise, dans une attitude de repli, comme pour occuper le moins de place possible. Cette position permet d'une part de montrer à l'autre que l'on n'a aucune agressivité, et d'autre part d'augmenter le nombre d'autocontacts (ces gestes qui sont destinés à nous rassurer nous-mêmes).

Conversation entre dominant et dominé

La gestuelle liée à la conversation entre un dominant et un dominé aura la même symbolique. Par exemple, lors d'une discussion, une personne soumise qui n'a pas la parole multipliera les gestes d'écoute active, afin de bien prouver à son interlocuteur que ce dernier a toute son attention, contrairement au dominant, qui lui, n'aura pas besoin de faire cela, car son but premier ne sera pas de plaire à l'autre. La gestuelle de l'écoute active est très simple, mais très efficace : elle se résume à des hochements de tête plus ou moins vigoureux accompagnés de légers bruits d'assentiments (« hum hum »), le tout assorti de regards attentifs et bien fixés dans les yeux de l'autre. Certaines personnes vont également pencher la tête légèrement sur le côté, dévoilant ainsi leur cou qui est une des parties les plus vulnérables du corps.

En revanche, dès que le dominé prend la parole, il le fait en jetant à son interlocuteur des regards plus détournés, voire carrément fuyants. Le regard est en effet un excellent indice de soumission ou de domination. Car alors que le dominant peut se permettre de « provoquer » l'autre en le regardant dans les yeux, le dominé lui, va plutôt chercher à interrompre ce genre d'interactions visuelles et ne plus prendre l'autre en considération. Cela peut d'ailleurs être assimilé à une sorte de fuite psychologique : comme il ne se sent pas à l'aise, le dominé va éviter de regarder ce qui le trouble (le dominant), comme pour faire en sorte qu'il n'existe plus...

À RETENIR

Soumission et manque de confiance en soi

Le manque de confiance en soi (qui peut être momentané – face à son boss par exemple – ou plus profond) est évidemment l'une des premières raisons qui font que l'on adopte des postures de soumission. À ces moments-là notre communication non verbale a alors deux buts bien précis : d'abord plaire à notre interlocuteur, puis passer le plus inaperçu possible.

Des postures plus contractées

Nous avons ainsi tendance à adopter une posture ramassée et une gestuelle réduite dans l'espace. Nous nous efforçons de prendre le moins de place possible, pour, symboliquement, ne représenter aucun danger et montrer que nous n'avons aucune volonté d'affrontement. Ces postures nous permettent aussi de multiplier les autocontacts, qui nous « rassurent ».

Tout pour plaire

Les individus dominés vont également faire en sorte de plaire à leurs interlocuteurs dominants, en adoptant les attitudes typiques de l'écoute active pour prouver leur attention (hochements de tête, regards concentrés). En revanche, ils seront beaucoup moins à l'aise quand ce sera à leur tour de parler, et ils le feront souvent avec des regards fuyants.

La révérence protocolaire

La révérence est par essence un rituel de salutation asymétrique dénotant la supériorité de l'un sur l'autre. Elle obéit à des règles strictes : cela peut aller de la simple flexion de la tête à la génuflexion complète, voire au baiser sur les pieds (le pape, lui, se fait baiser la bague papale).

La position de collaboration

Notre position par rapport à un interlocuteur peut s'avérer importante dans certains cas. Par exemple, si vous devez avoir une discussion franche avec un collègue susceptible, mettez vos deux chaises à 90 degrés l'une de l'autre (position de coopération), ou sur la même ligne (et non en face à face).

Assis au bord du siège

Un signe de malaise évident est le fait de s'asseoir au bord de son siège : cela donne la désagréable impression que vous vous apprêtez à fuir. De plus, cette posture donne un air peu confiant, aux aguets, surtout si en plus vous « gigotez » sur votre chaise ou si au contraire vous êtes trop raide.

Entourer son index de l'autre main

Ce geste, curieux, est tout à fait typique d'une situation dans laquelle celui qui le fait est gêné, honteux, ou se sent en position d'infériorité. C'est un véritable aveu d'impuissance, car l'index est le doigt de l'autorité. En le bloquant ainsi, on montre que l'on n'a aucune confiance en soi.

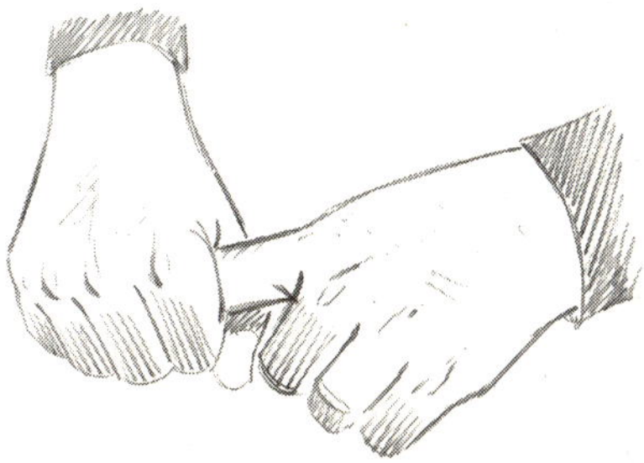

Les gestes d'ouverture

« *Développer l'ouverture du cœur est sans doute la meilleure arme de combat.* »

Anonyme

Témoignage

« Je travaille depuis peu au service après-vente d'une grosse entreprise, qui vend de la Hi-Fi et de l'électroménager. Je suis chargé, avec des collègues, de réceptionner les clients mécontents, de prendre en charge les produits défectueux et de gérer les réparations et les dépannages, ainsi que les encaissements quand les produits ne sont pas couverts par la garantie. Et depuis que je travaille là, j'en ai vu, des clients mécontents! La plupart du temps, sincèrement, les gens sont plutôt sympas, parce qu'ils savent très bien que je n'y suis pour rien, et que je suis justement là pour essayer de régler leurs problèmes. Et j'essaie, moi-même, de ne pas provoquer leur agressivité, parce que ça peut vite déraper. Franchement, la plupart du temps, il suffit déjà d'écouter les gens jusqu'au bout et de se montrer attentif et souriant pour que ça se passe bien. Mais certains de mes collègues ne comprennent pas très bien ce principe : quand les gens arrivent, ils font la gueule, et forcément, du coup, les gens laissent éclater leur mauvaise humeur, ce qui provoque en retour l'énervement de mes collègues, etc. ce qui peut vite dégénérer... Moi, je sais garder mon calme : il n'y a pas mort d'homme quand même, donc j'estime que ce n'est pas la peine de s'énerver! Si vraiment les gens s'énervent, je les prends dans un bureau, je les fais asseoir, leur propose un café, et je prends le temps qu'il faut... Du coup, c'est moi qu'on appelle pour les clients difficiles maintenant! »

Cyril, 37 ans

UN PEU DE THÉORIE

Se montrer à l'écoute

Il y a beaucoup de postures et de gestes différents qui peuvent traduire notre ouverture. Se mettre en position d'ouverture, c'est d'abord, en effet, se mettre en position d'écoute et de communication, et faire comprendre à l'autre : « *Allez-y, toute mon attention vous est consacrée.* » Vous pouvez ainsi montrer votre ouverture par un visage souriant et un regard attentif, franc et direct, sans être provocateur. Votre corps peut être positionné légèrement vers l'avant, puisque l'ouverture mentale se traduit la plupart du temps par une plus grande proximité physique consentie (sans vous montrer intrusif). Évitez aussi, même pour une question de confort, de croiser vos bras ou vos jambes, afin de ne mettre aucune entrave physique ou mentale à votre écoute, ni aucun geste de protection qui serait alors malvenu et apporterait de la confusion. D'ailleurs, à ce propos, plusieurs recherches prouvent que le fait de croiser les bras influence grandement notre niveau d'écoute et d'apprentissage. Ainsi, lors d'une expérience, on demandait à deux groupes d'étudiants d'écouter la même conférence, en demandant à l'un des deux groupes de croiser les bras tout au long de la présentation et à l'autre de ne pas le faire. Ensuite, tous les participants effectuaient des tests de mémorisation... Les résultats sont surprenants : il s'avère que les élèves du groupe « aux bras croisés » étaient 38 % moins bons que ceux de l'autre ! Comme quoi, le corps influence l'esprit plus qu'on ne le pense !

Se montrer apaisant

Les gestes d'ouverture peuvent aussi être utilisés pour calmer une personne tendue ou en colère. Pourquoi ? Parce qu'en cas de colère, mieux vaut faire les bons gestes que dire les bons mots, tout simplement parce que le cerveau d'une personne énervée est beaucoup plus sensible à la communication non verbale. En effet, une parole même pleine de bonnes intentions peut ne pas être entendue ou comprise : en cas de colère, une partie de notre cerveau (la partie logique et réfléchie, dite aussi *corticale*) se « déconnecte » en quelque sorte, pour laisser agir le cerveau limbique (le « cerveau émotionnel ») à sa guise. L'inconvénient, c'est que ce cerveau-là est très spontané, emporté, et qu'il ne se contrôle pas très bien, d'où la propension à « péter un plomb ». L'avantage, c'est qu'il est aussi très sensible à tous les signes physiques d'apaisement, s'ils sont bien effectués, car c'est aussi ce cerveau qui est le plus apte à décoder les gestes. Ainsi, on peut se montrer apaisant en montrant en priorité les paumes de ses mains. Cela peut sembler ridicule, mais c'est pourtant ce que l'on fait de façon instinctive quand on veut absolument convaincre l'autre qu'on lui veut du bien, qu'on est sincère, honnête… et inoffensif. Regardez les « méchants » dans les films : arrive toujours un moment où ils plaident leur cause face au « gentil » (avant d'essayer de le tuer par surprise !). Dans ces cas-là, ils adoptent souvent cette posture, les mains tendues et les paumes vers le haut…

D'autres gestes pour apaiser les conflits

Si la personne en face de vous est tendue, il est probable qu'elle aura les poings serrés ou les bras croisés sur sa poitrine. Ainsi, pour changer son état d'esprit, vous pouvez agir en tentant un contact indirect avec elle. Il y a contact indirect quand deux personnes touchent le même objet. Ainsi, vous pouvez lui donner quelque chose de la main à la main (une carte, une brochure, un stylo...), ou lui tendre calmement un siège, afin de la pousser à ouvrir les mains et les bras et la mettre doucement dans une attitude plus ouverte et plus détendue. Face à une personne très agressive, le même genre de geste peut également fonctionner. Cependant, la première chose à faire pour apaiser quelqu'un d'énervé est déjà de l'inviter calmement à s'asseoir. En effet, quand on est debout, notre corps sait instinctivement qu'il est actif, en bonne position pour attaquer, frapper s'il le souhaite, ce qui entretient la tension corporelle. Alors qu'une fois assis, il nous est plus difficile de prendre du recul pour frapper sans se mettre en danger, nous sommes dans une position plus décontractée. Enfin, si vous savez que vous allez avoir un entretien tendu avec quelqu'un, il peut être très utile de choisir pour l'entretien une table ronde. En effet, une table rectangulaire renforce l'idée que chacun a son territoire, et de fait renforce aussi les antagonismes et les positions hiérarchiques (et donc les combats), alors qu'une table ronde donne une impression d'égalité à ceux qui sont autour.

À RETENIR

Attention et écoute

Les gestes d'ouverture sont d'abord ceux qui montrent à notre interlocuteur que l'on est attentif à ses paroles. Nos gestes, nos regards seront donc tournés vers lui. Il vaut mieux éviter aussi tout mouvement de fermeture, comme le fait de croiser les bras ou les jambes, ce qui enverrait à l'autre un signe de désengagement ou de désaccord.

Des paumes de mains très apaisantes

En effet, montrer ses paumes de mains est un geste symbolique naturel et très puissant. Il viendrait du temps où il fallait montrer ses mains pour prouver que l'on n'était pas armé, pour pouvoir rentrer dans une tribu, une cité ou une maison. De plus, il a l'avantage d'être compris instantanément, ce qui n'est pas un luxe face à quelqu'un d'énervé...

D'autres gestes d'apaisement

D'autres gestes peuvent en effet calmer les personnes en colère : les faire asseoir est déjà la première des choses à faire, car cela a pour effet de faire immédiatement baisser la tension corporelle. Mais on peut aussi essayer les contacts indirects, si l'autre le permet. Enfin, on s'efforcera de réduire les antagonismes en effaçant les « territoires ».

Les gestes emphatiques

Ces gestes accompagnent et donnent du relief, du sens à votre discours, en assurant une meilleure cohérence entre le verbal et le non-verbal. Ainsi, si vous annoncez trois points importants dans votre discours, n'hésitez pas à faire le geste « 3 » de la main, qui fixera l'attention de vos auditeurs.

Toucher la monture de ses lunettes

Quand elles écoutent, certaines personnes ont l'habitude de prendre avec leur main la monture de leurs lunettes et de rester dans cette posture. C'est un geste de concentration, qui indique que ces personnes essaient d'évaluer (de façon neutre) et de prendre du recul sur ce que vous leur dites.

Se frotter les mains

Ce geste signifie que l'on espère quelque chose de positif, ou que l'on a reçu une bonne nouvelle, surtout s'il est bref, et que les mains bougent rapidement. Mais si un vendeur souhaitant vous vendre un article se frotte les mains ainsi, mais longtemps et lentement... attention à l'arnaque!

Profil émotif

Si vous croisez vos mains et que c'est votre pouce gauche qui domine l'autre, vous avez de fortes chances d'avoir ce que l'on appelle un profil émotif, car votre pouce gauche est animé par votre cerveau droit, qui est le cerveau des émotions, de la communication et de l'imagination.

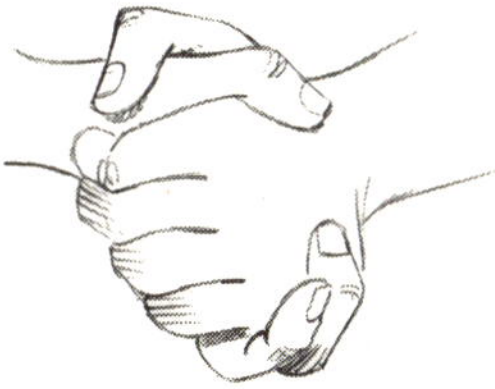

Les gestes de fermeture

« Tout refus de communiquer est une tentative de communication ; tout geste d'indifférence ou d'hostilité est appel déguisé. »

Albert Camus

Témoignage

« Je me rappelle de la première présentation que j'ai faite pour un client. C'était un projet de publicité pour une marque de vêtements. Je venais d'arriver dans la boîte et j'étais encore peu sûr de moi. En plus, j'avais évidemment une pression énorme sur les épaules, puisque c'était la première fois que j'avais vraiment la possibilité de conduire un projet de A à Z. J'étais très anxieux, sans compter les deux ou trois nuits blanches que j'avais passées à boucler le projet. Bref, je commence à dérouler mon argumentaire. Dès le début, j'ai senti que les clients étaient loin d'être acquis à ma cause : je les voyais tous, très crispés sur leurs chaises, les bras croisés ou en train de se frotter le menton, dubitatifs, en attente de l'idée du siècle. Il faut dire qu'ils venaient de subir une année catastrophique au niveau des chiffres, et désiraient vraiment frapper un grand coup avec leur nouvelle campagne de pub. Je pense qu'ils m'ont dès le début trouvé trop jeune pour porter un tel projet, mais bon, mon directeur voulait aussi me tester et savoir ce que je valais. J'ai décidé de ne pas les décevoir, de les surprendre même et j'ai fait une présentation très... théâtrale. Et puis, bon, ils ont fini par se décoincer. C'était assez flagrant visuellement. Petit à petit, ils ont commencé à se relâcher, à décroiser les bras, à prendre des notes... Ça m'a rassuré, et j'ai terminé la présentation avec encore plus d'enthousiasme. Et heureusement pour moi, cela a fonctionné... »

Xavier, 29 ans

Un peu de théorie

Se fermer pour marquer son désaccord

Les gestes de « fermeture » peuvent signifier différentes choses. Tout d'abord, ils peuvent marquer la désapprobation : par exemple, d'une personne face à son interlocuteur. On imagine bien qu'il peut être extrêmement déstabilisant de parler devant une assemblée qui a les bras croisés et qu'il doit être difficile de ne pas perdre tous ses moyens ! Surtout si ce geste est accompagné d'un recul sur sa chaise, signifiant clairement un désengagement dans l'écoute. Si en plus les jambes se croisent, alors cela signifie que la communication n'est pas loin d'être rompue ! D'autres gestes peuvent également marquer le désaccord ou du moins le doute : par exemple, le fait de regarder par-dessus ses lunettes est un geste de domination, mais connoté plutôt de façon négative, dans la mesure où il peut paraître hautain. On peut aussi, pour marquer son doute, positionner sa main moteur (la main droite pour les droitiers) en position de « barbe » : le pouce et l'index entourant le menton, avec le reste du poing dessous. Un geste plus fort encore est celui qui consiste à positionner un ou deux doigts (l'index et le majeur) sur la tempe, l'annulaire et l'auriculaire venant sur la bouche et le pouce soutenant le visage... Si vous êtes commercial, vous savez très bien que ce genre de gestuelle est plutôt un mauvais présage pour la signature d'un contrat... Mais tout cela est un peu plus complexe : cela peut aussi être une manière de décontenancer l'autre partie pour mieux négocier...

Se fermer pour se protéger

Dans un deuxième temps, on peut considérer les gestes de fermeture plutôt comme des mouvements de protection, quand on se sent en danger, ou quand on se méfie. Par exemple, si une femme se retrouve seule dans un ascenseur avec un inconnu peu rassurant, il est probable que son premier geste de fermeture sera déjà de ne pas le regarder, de faire comme s'il n'était pas là, même si l'ascenseur est petit. En effet, nous avons tendance à ne pas regarder nos voisins quand on est en situation de proximité, voire de promiscuité, avec des gens que l'on ne connaît pas. Cela nous permet d'édifier une sorte de citadelle virtuelle autour de soi et de recréer mentalement cette « zone intime » que nous avons d'habitude autour de nous (qui est à peu près de la longueur d'un bras). En général, on adopte aussi un regard lointain et un visage neutre, pour se faire oublier, pour faire comprendre à l'autre « je ne suis pas là, donc ce n'est pas la peine de me parler ». Cette absence de regard direct est d'ailleurs souvent accompagnée d'une gestuelle trahissant un retrait physique : on essaie de se recroqueviller, de prendre le moins de place possible. Ainsi, on va serrer son sac contre soi, ou encore mettre un ou deux bras en position de protection : la plupart du temps, un bras vient se placer en barrière horizontale contre le ventre, et l'autre vient se mettre en position verticale, perpendiculaire au premier bras, avec la main reposant sur ou sous le menton... pour protéger les zones vitales.

Bras droit ou bras gauche ?

Selon certains chercheurs, le fait de se protéger avec le bras droit ou le bras gauche pourrait avoir des significations différentes. On pourrait donc définir une partie de notre personnalité en observant comment nous nous protégeons quand nous sommes confrontés à un danger. Par exemple, en cas d'attaque, le fait que vous vous protégiez en présentant le bras droit (si vous êtes droitier) serait, paraît-il, un signe de soumission. En revanche, si vous le faites avec le bras gauche, il est apparemment plus probable que vous ne vous laisserez pas faire ! Car le fait de monter le bras gauche vous laisserait libre d'utiliser le bras droit, celui qui est le plus habile : celui du combat, pour contre-attaquer votre adversaire... D'autres études ont été menées sur la façon dont on croise les bras. En effet, vous avez peut-être remarqué que certaines personnes croisent les bras en mettant le bras gauche dessus, alors que d'autres ne peuvent croiser les bras qu'en mettant le bras droit au-dessus. De plus, il est intéressant de noter que tout changement dans le bras dominant est vraiment vécu comme inconfortable et pas naturel. Ce type de geste est en effet immuable. Alors qu'est-ce que cela signifie ? Apparemment, un bras gauche dominant (bras gauche sur bras droit) trahirait un profil défensif, c'est-à-dire une tendance à éviter le combat, ou du moins à réfléchir avant d'agir. Alors qu'un bras droit dominant serait caractéristique d'un profil offensif, plus agressif en cas d'attaque...

À RETENIR

On se ferme quand on n'est pas d'accord

Le fait de croiser les bras et/ou les jambes peut en effet être un signe de désaccord, d'autant plus fort s'il est accompagné par d'autres mouvements de fermeture : ce peut être reculer sur sa chaise, se toucher les tempes ou le front, ou encore regarder par-dessus ses lunettes. Plus les gestes se multiplient, plus la communication risque d'être rompue.

On se ferme quand on a peur

Bien évidemment, le fait de se fermer peut aussi traduire une angoisse ou une inquiétude, ou tout simplement une réaction face à une intrusion dans son espace intime, comme cela peut être le cas dans les transports en commun ou dans un ascenseur bondé. Cela peut s'exprimer par une fuite du regard, une position plus contractée ou des bras protecteurs.

Offensif ou défensif ?

La façon dont on se protège ou dont on croise les bras en dirait long sur notre profil psychologique : ainsi, si vous êtes droitier et si vous croisez les bras en mettant le gauche dessus, il y a de fortes chances pour que vous ayez un profil défensif, alors que le contraire traduirait un profil plus offensif et affirmé (à inverser si vous êtes gaucher).

Pincer la racine de son nez

En général, quand on fait ce geste, on ferme aussi les yeux et on peut même hausser les sourcils. Cela signifie qu'on a besoin de se soustraire un peu de la réalité, pour réfléchir à un problème qui nous paraît complexe. C'est une façon parmi d'autres de s'isoler mentalement, de prendre du recul.

La main en cornet

Ce geste (poing refermé qui cache la bouche) est une posture d'évaluation plutôt négative. La personne qui le fait en face de vous est sceptique quant à ce que vous lui dites, et prend du recul. Cette gestuelle exprimant le doute est renforcée si le buste est penché sur le côté et vers l'arrière.

Les mains en ciseaux

Les tranchants des deux mains se croisent devant la poitrine ou le visage pour finir dans un mouvement vers l'extérieur. Ce geste ressemble à un geste de protection (les mains devant les points vitaux), mais le mouvement sec et l'utilisation du tranchant des mains le transforment en geste agressif.

Les mains sur la nuque

Votre collègue vous regarde par en dessous en se frottant la nuque d'une ou deux mains ? Vous perdez votre temps, il n'est absolument pas motivé par ce que vous lui dites : c'est d'ailleurs à peine s'il vous écoute. Il regrette peut-être même d'être là à vous écouter, et a hâte que vous partiez.

Détecter les mensonges

« Ces aperçus fugitifs des véritables émotions peuvent être de précieux instruments de détection du mensonge. »

Peter Collett

Témoignage

« J'ai vécu pendant des années avec mon premier mari, Victor. J'ai fini par divorcer quand je me suis aperçue qu'il me mentait à peu près tout le temps... Et pourtant, je n'ai rien vu venir pendant très longtemps, sans doute parce que j'étais folle amoureuse : Victor était beau, charismatique, charmant... Je ne voulais peut-être pas croire qu'il ne m'aimait pas vraiment... Toujours est-il que pendant des années, je n'ai pas fait attention aux signaux qui m'indiquaient que mon mari me trompait : il était toujours en voyage pour son travail, rentrait souvent très tard du boulot, et restait souvent évasif quand je lui posais des questions sur les villes dans lesquelles il avait été, par exemple. J'ai commencé à me méfier quand, un jour, j'ai cherché sa carte bleue dans son portefeuille (j'avais perdu la mienne et je voulais acheter quelque chose sur Internet) : je suis tombée sur le ticket d'un fleuriste et une note pour deux personnes d'un restaurant très chic. Et c'est quand j'ai posé les bonnes questions que j'ai commencé à repérer les mensonges : les expressions de Victor me sont apparues tellement fausses ! Quand il souriait en me disant "mais voyons, ma chérie tu es folle ou quoi ? Tu sais bien que je t'aime...", je sentais que c'était un sourire de façade, qui cachait mal son anxiété, anxiété qui transparaissait d'ailleurs dans chacun de ses gestes, très fébriles... Et une fois que j'ai commencé à me méfier, il a été très difficile de faire machine arrière... »

Isabelle, 48 ans

Un peu de théorie

Les difficultés pour repérer le mensonge

En vérité, nous mentons tout le temps. Même les plus honnêtes d'entre nous le font, et plusieurs fois par jour ! Par exemple, n'avez-vous jamais répondu « *Oui, je vais très bien* », en souriant, alors même que vous pensez à vos problèmes actuels de couple ou d'argent ? Vous ne déballeriez jamais tous vos ennuis, car vous savez que c'est une simple question de courtoisie. La plupart du temps, le mensonge est donc une question de pudeur plus qu'une question de tromperie et comporte une part « sociale » non négligeable : on ment pour se faire accepter ou pour éviter l'embarras, pour faire plaisir ou encore pour se montrer sous un meilleur jour.

Cependant, le mensonge peut aussi être fait sciemment, pour tromper ou cacher une information importante. Est-ce possible alors, dans ces cas-là, de le détecter ? Oui, on le peut, mais il faut, à ce moment-là, être extrêmement attentif aux gestes, mimiques et expressions de notre interlocuteur... En effet, c'est dans les premières secondes du mensonge qu'il est plus facile de le détecter, dans la mesure où il est pratiquement impossible de masquer nos premières réactions, même si nous avons la capacité de très rapidement reprendre le contrôle de notre visage. Ces expressions sont donc très fugaces, et il faut avoir un œil exercé pour les repérer. Il existe aussi d'autres indices qui peuvent éventuellement nous mettre sur la voie : un certain malaise, rougir, un regard fuyant... sauf si vous avez en face de vous un menteur de compétition !

Vrais et faux sourires

Eh oui ! Il existe les « vrais » et les « faux » sourires ! Et il est possible de les détecter d'une manière très simple. Dans un premier temps, essayons de définir ce qu'est un « vrai » sourire. Un vrai sourire, c'est-à-dire un sourire sincère et spontané implique en effet deux zones du visage : nos lèvres (qui vont se retrousser, parfois jusqu'à montrer nos dents), mais aussi nos yeux, via notamment un muscle, appelé « orbiculaire ». C'est ce muscle qui fait la différence, car s'il se contracte, nos sourcils s'abaissent et nos yeux se plissent légèrement, surtout au niveau de nos « pattes d'oie » qui sont des ridules très expressives situées au coin externe de l'œil. Mais attention, les bons menteurs peuvent aussi plisser les yeux… ce qui rend la détection d'un mensonge d'autant plus difficile… Soyez vigilant et observateur !

Un autre indice très intéressant peut cependant nous aider à repérer un faux sourire : c'est son côté asymétrique, alors qu'un vrai sourire est toujours symétrique. En effet, lorsqu'on sourit « pour de faux », nous avons tendance à ne sourire que d'un côté, et plus spécialement du côté gauche. Pourquoi ? Parce qu'en cas de mensonge, l'hémisphère droit de notre cerveau, celui qui gère le côté gauche de notre corps et qui dirige aussi toutes nos expressions faciales, est en conflit avec l'hémisphère gauche, qui, lui, n'est pas sous le coup d'une vraie émotion sincère, mais plutôt en plein calcul… D'où cette particularité : seul notre côté gauche sourit…

Les autres gestes du mensonge

D'autres gestes peuvent illustrer ce « conflit » entre l'hémisphère gauche et l'hémisphère droit de notre cerveau et vont ainsi créer un manque de cohérence dans notre gestuelle, c'est-à-dire des gestes ou mimiques qui vont se contredire entre eux, qui n'auront pas lieu d'être. Les autocontacts, par exemple, sont les premiers de ces indices. Ce sont tous les gestes fermés, peu convaincants, dirigés vers nous-mêmes, qui servent à nous rassurer quand nous sommes mal à l'aise. Ainsi, quand nous mentons, nous aurions tendance à multiplier les autocontacts vers le nez ou encore la bouche : notre cerveau, de manière inconsciente, « barrerait » ainsi le chemin du mensonge, en esquissant un geste de la main vers la zone de la bouche, qui se transforme parfois en geste vers le nez : on peut ainsi juste l'effleurer, ou carrément le gratter. Mais là encore, la prudence s'impose : il vaut mieux attendre d'avoir vu plusieurs gestes de ce type avant de conclure à un mensonge ! Ce n'est pas parce que la personne est mal à l'aise qu'elle ment.

D'autres chercheurs pensent aussi que l'on peut repérer une fausse émotion quand cette dernière apparaît de façon trop prolongée ou appuyée sur le visage, car les émotions naturelles sont par définition de courte durée, sauf quand on les contrefait. Ainsi, pour leur donner plus de poids, on aurait tendance à « trop en faire »... D'ailleurs, un faux sourire aurait aussi tendance à se prolonger au-delà du temps habituel...

À RETENIR

Des mensonges difficiles à repérer

Plusieurs indices peuvent en effet révéler un mensonge. Mais leur repérage, somme toute, est ardu, dans la mesure où ils peuvent être très brefs. Nos micro-expressions en sont le meilleur exemple : il est en effet difficile de cacher nos vraies émotions, qui transparaissent quasiment toujours, mais de façon très fugace… ou au contraire trop appuyée.

Comment détecter un faux sourire ?

Le sourire est, contrairement à ce que l'on croit, une expression difficile à contrefaire, car il fait intervenir un muscle quasiment impossible à stimuler si l'on n'éprouve pas vraiment de joie : l'orbiculaire. C'est ce muscle qui fait la différence, car c'est grâce à lui que les yeux se plissent de façon caractéristique quand on sourit vraiment.

Autocontacts et autres gestes du mensonge

Les autocontacts, plus que des indices de mensonge, sont plutôt, si l'on peut dire, des indices de malaise (qui peuvent ainsi trahir un mensonge !). Les autocontacts les plus flagrants en cas de tromperie sont ceux qui portent les mains vers le visage, plus spécialement vers la bouche, comme si nous voulions l'empêcher de proférer des choses fausses…

Le regard à gauche ou à droite

Quand on pose une question à un menteur, il est important d'observer la direction vers laquelle vont ses yeux juste avant de répondre. Si vous lui avez posé une question sur son passé par exemple et qu'il regarde vers sa droite, c'est qu'il imagine la réponse, et qu'il est donc en train de mentir…

Cacher sa bouche

Le fait de cacher plus ou moins sa bouche au moment de proférer un mensonge (ou après) est un geste hérité de l'enfance : c'est un geste que nous faisions enfant quand nous disions une bêtise. Attention cependant : ce geste n'est parlant que s'il est répété plusieurs fois au cours de la discussion.

Gratter les commissures des lèvres

Ce geste, fait avec le pouce et/ou l'index, montre que votre interlocuteur n'est pas à l'aise, préférerait ne pas répondre à la question posée, ou ne sait pas comment répondre à votre question. C'est un geste temporisateur, qui donne quelques secondes de répit pour mieux réfléchir à sa réponse...

Se masser la nuque ou le cou

Ce geste est en général un geste de protection : inconsciemment, nous faisons en sorte de cacher des parties vitales en situation de stress. C'est aussi, pour le menteur, une manière de soulager une tension corporelle un peu trop forte, due à une incohérence entre la pensée et les paroles.

Reculer pour mieux mentir

Quand on ment, il est important de ne pas se laisser prendre par une réponse impulsive ou irréfléchie : il faut donc prendre du recul. Ce recul peut même se manifester corporellement : votre interlocuteur, à la fin de votre question, fait alors un mouvement vers l'arrière avant de répondre.

Humecter ses lèvres

Ce geste, s'il n'est pas fait dans un contexte de séduction, est un signe évident de malaise, dû notamment à une bouche un peu trop sèche. Cela ne signifie donc pas que votre interlocuteur ment, mais seulement qu'il ne dit pas tout, ou bien qu'il réfléchit beaucoup (trop ?) avant de parler.

La déglutition

Si vous regardez l'interview de Bill Clinton réfutant sa liaison avec Monica Lewinsky, vous verrez qu'après avoir menti, l'ancien président baisse les yeux (regard fuyant) et déglutit (on voit clairement sa pomme d'Adam remonter)... Quelqu'un qui ne ment pas éprouve rarement le besoin de déglutir ainsi.

Les mains en herse

La herse est un geste formé des deux mains, les doigts croisés et raidis devant le visage. Ce geste est un geste de fermeture (on croise les doigts) et de dissimulation (on cache partiellement son visage). Ne faites pas confiance à votre interlocuteur au moment précis où il a cette gestuelle.

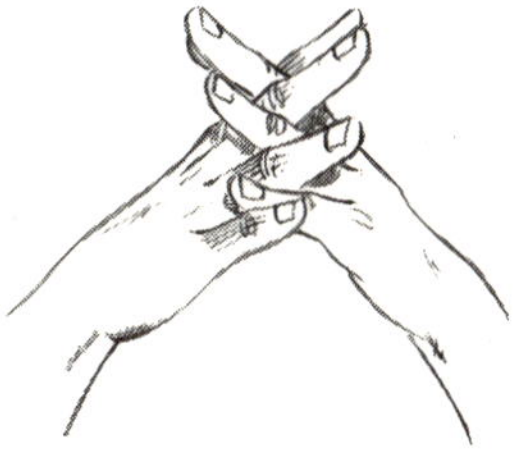

Je désamorce l'agressivité avec ma gestuelle

« Une personne envahie dans son territoire peut très vite se sentir menacée et devenir agressive. »

Valérie Rodger

Témoignage

« Je travaille à l'accueil d'un centre social qui fait point relais CAF aussi et même si j'aime bien mon travail, il y a des fois où c'est franchement difficile. Il m'arrive, par exemple, d'accueillir des personnes en difficulté, qui viennent parce qu'elles n'arrivent pas à avoir de place en crèche ou parce qu'elles n'ont pas touché leurs allocations pour une raison ou pour une autre. Et le truc, c'est que même si elles ont tort (elles n'ont pas envoyé leurs papiers à temps par exemple), elles peuvent se montrer très agressives… Je ne saurais pas compter combien de fois j'ai eu peur de me prendre une claque ! Et face à quelqu'un en colère, ce n'est pas toujours facile de réagir avec sang-froid, surtout quand la personne en question fait deux têtes de plus que vous ! La dernière fois, un collègue de l'accueil a bien failli se faire frapper d'ailleurs : je crois qu'il a perdu son calme et a répondu à la menace par la menace et que l'autre ne l'a pas supporté. Heureusement que j'avais appelé le directeur rapidement pour qu'il prenne cette personne en charge dans son bureau ! J'aimerais vraiment avoir quelques "trucs" ou quelques astuces, parce que je me sens démunie face à ce type de situations : j'ai l'impression que si je dis le mauvais mot ou si je fais le mauvais geste, ça va envenimer la situation… D'ailleurs, j'ai demandé une formation très prochainement sur la "gestion des clients et des comportements difficiles". J'espère que cela va m'être utile ! »

Violaine, 34 ans.

Un peu de théorie

Calmer d'abord le cerveau émotionnel

Violaine, dans son témoignage, insiste sur la difficulté de gérer l'agressivité d'autrui. En effet, nous sommes nombreux à être démunis face à ce type de situations, car ce n'est ni agréable ni facile de gérer la colère de quelqu'un (sans s'énerver ou sans prendre les jambes à son cou). Alors, comment faire ?

D'abord, ce qu'il faut comprendre, c'est qu'il faut nous imaginer avec deux cerveaux : le premier est rationnel, logique, réfléchi, alors que le second est émotionnel, primaire et réagit au quart de tour à tout stimulus un peu trop stressant. L'inconvénient, c'est qu'une personne agressive, en colère, ne réfléchit pas avec son cerveau rationnel, bien au contraire : ce dernier est même « déconnecté », laissant toute sa place au cerveau émotionnel pour obtenir ce qu'elle souhaite. Cela ne sert donc à RIEN de vouloir, face à une personne très en colère, lui apporter des arguments ou des éléments rationnels, car cette personne n'est alors pas « équipée » pour vous comprendre, ou même vous entendre ! La première chose à faire à ce moment-là est de « parler » au cerveau émotionnel pour calmer ce dernier et lui faire comprendre qu'il n'est plus en danger...

Ce qui est bien, c'est que le cerveau émotionnel comprend très bien le langage corporel, car lui-même s'en sert très souvent (les émotions se caractérisant toutes par une expression physique ancrée dans le corps). Il y a donc différents moyens de calmer l'agressivité de quelqu'un en utilisant la communication non verbale.

Utiliser l'espace et la distance

La notion de distance et d'espace est primordiale dans le domaine de la gestion de conflits. Ainsi, la question à se poser est la suivante : faut-il, en cas d'agression, se rapprocher ou s'éloigner de l'autre ? Tout dépend du degré de menace que vous détectez chez l'autre. Ce qui est certain, c'est que si l'autre paraît vraiment violent, la première chose est de se mettre à l'abri ! Cependant, si vous percevez que la personne n'est pas vraiment dangereuse, il est judicieux de l'isoler, en lui proposant par exemple de discuter tranquillement dans un bureau à l'écart. C'est une preuve de reconnaissance et d'attention, que le cerveau émotionnel captera immédiatement.

Ensuite, proposez à la personne de s'asseoir, mais pas n'importe comment ! Le mieux est de vous-même avancer son siège, afin de créer ce que l'on appelle un contact indirect censé rassurer l'autre. Un contact indirect est un contact via un objet : il y a contact indirect quand vous donnez votre carte de visite à quelqu'un (vous touchez alors le même objet). Et évitez surtout de vous mettre face à face avec elle, de l'autre côté d'un bureau par exemple : cela montrera votre attachement à votre territoire et renforcera l'impression d'affrontement. Décalez plutôt votre chaise afin de ne pas apparaître totalement en face de votre interlocuteur, ou mieux, placez-la à 90 degrés par rapport à la sienne : ainsi, l'autre verra que vous ne le prenez pas pour un ennemi, mais que vous êtes plutôt dans un esprit d'apaisement.

Rassurer l'interlocuteur

Une personne agressive paraît menaçante, mais peut vite, aussi, se sentir menacée. L'agressivité, d'un point de vue social, a en effet deux fonctions : elle permet d'abord d'impressionner son interlocuteur pour justement éviter le conflit (et obtenir ce que l'on souhaite par la menace sans aller jusqu'à la violence physique). Mais si cela ne fonctionne pas bien, elle permet aussi de se préparer à la lutte en mobilisant l'énergie du corps, notamment dans les bras.

Il faut donc, sans se montrer soumis ni se laisser marcher dessus, paraître à la fois assuré et rassurant. La première chose à faire est d'établir un contact visuel : il est toujours mieux de regarder l'autre franchement qu'éviter son regard. Montrez également que vous l'écoutez avec attention : cela consiste tout simplement à hocher la tête et surtout à cesser toute autre activité ! Ensuite, montrez que vous êtes ouvert à ce qu'il dit : cela passe par un visage ouvert (évitez les mains en « bouclier » ou devant la bouche, les sourcils froncés...) et par une gestuelle ouverte (ne croisez pas les bras et ne vous mettez pas non plus en retrait sur votre chaise, au contraire, avancez légèrement votre buste).

Enfin, au niveau vocal, veillez à ne pas imiter votre interlocuteur : parlez systématiquement moins fort que lui et plus lentement (sans chuchoter ni bafouiller évidemment !). Il y a fort à parier qu'il se calmera petit à petit. Vous pourrez ainsi communiquer à nouveau avec son cerveau rationnel.

À RETENIR

Cerveau émotionnel versus cerveau rationnel

Face à un interlocuteur agressif, le plus urgent est de gérer son émotion (la colère) et de la désamorcer avant même de commencer à réellement discuter du fond. En effet, dans cette situation, le cerveau rationnel est comme « déconnecté » : seul le cerveau émotionnel fonctionne et prend des décisions. Il faut donc calmer ce dernier en premier…

Prendre ses distances, mais pas trop !

Évidemment, si vous sentez que l'autre peut devenir vraiment violent, il vaut mieux rester à une distance respectable. Mais si son agressivité reste contenue, vous pouvez tenter de l'isoler et de le faire asseoir, en veillant à ne pas vous positionner face à lui, mais plutôt à 90 degrés pour lui montrer que vous souhaitez discuter et non pas vous battre.

Écouter avant d'agir

Cela paraît évident, mais en réalité, combien d'entre nous font attention à vraiment écouter l'autre quand ce dernier est énervé ? Écouter l'autre, c'est désamorcer sa colère en lui montrant de la reconnaissance : cela consiste dans les faits à le regarder attentivement et avec un visage ouvert, à hocher la tête et surtout à ne rien faire d'autre !

Calmer l'agressivité

Pour calmer l'agressivité de quelqu'un, il faut être vigilant au langage non verbal qu'on lui renvoie. D'abord, faites-le asseoir puis parlez d'une voix basse et lente. Évitez de vous mettre face à face avec lui et multipliez les gestes d'ouverture : paumes vers le haut, bras écartés, regard franc.

Des mains agressives

Votre patron vous fixe d'un œil torve, se penche vers la table qui vous sépare de lui en y appuyant ses mains (ou juste le bout de ses dix doigts) ? Il est très stressé et se sent sous pression et vulnérable. Rassurez-le, car ce n'est pas de la colère qu'il ressent, mais de l'angoisse !

Les mains dans les poches

Avoir les mains dans les poches suppose une propension à fuir, à esquiver les difficultés. Mais c'est en fait une façon instinctive de prendre du recul. Le fait de mettre ses mains dans les poches au cours d'une discussion reflète infailliblement une réaction de rejet, voire d'agressivité larvée.

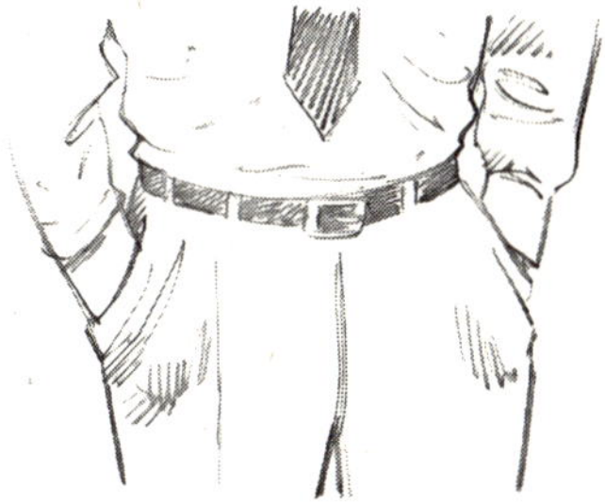

Le tranchant de la main

Quand vous montrez le tranchant de votre main, cette dernière symbolise une sorte de couperet. Ainsi, ce type de geste implique de la combativité, de l'agressivité. Si par exemple votre boss ponctue ses instructions d'une main descendante et tranchante, vous n'avez pas intérêt à le contredire !

Manipulation et communication non verbale

« Pourquoi te servir de poison, si tu peux tuer avec du miel ? »

Proverbe persan

Témoignage

« La dernière fois, j'ai reçu chez moi un commercial, qui vendait des abonnements pour un journal local... C'était un jeune commercial qui venait apparemment de sortir de l'école. Il m'a tout de suite paru sympathique : c'est d'ailleurs certainement une des raisons pour lesquelles j'ai accepté de le recevoir.

Par contre, j'ai trouvé que ses techniques de vente étaient un peu trop... voyantes ! Quand je disais quelque chose, par exemple, il était toujours d'accord avec moi, ou avait toujours quelque chose en commun avec moi : la même voiture, les mêmes goûts pour l'actualité... J'aurais pu dire n'importe quoi, je pense qu'il aurait été d'accord... Mais tout cela paraissait faux, et je suis sûr que j'aurais vraiment pu le mettre mal à l'aise si je lui avais demandé des nouvelles du directeur de l'ESC où il était censé être allé (comme moi)...

Ce qui m'a un peu énervé, c'est quand j'ai vu qu'il faisait aussi tout comme moi. Je ne m'en suis pas rendu compte tout de suite, mais je trouvais son attitude bizarre : comme si je me sentais observé. Et je n'ai pas tardé à m'apercevoir de ce qu'il faisait : quand je me penchais, il se penchait, quand je souriais, il souriait, quand je buvais, il buvait aussi ! Je suppose que c'est une technique de vente, mais je pense qu'ici, ça devait être particulièrement mal fait ! Finalement, je n'ai pas pris cet abonnement, alors qu'il m'intéressait, parce que je suis resté assez dubitatif sur la technique que ce jeune vendeur a essayée sur moi... »

Corentin, 59 ans

Un peu de théorie

Tout est manipulation

Quand on parle de manipulation, on imagine souvent des complots, des secrets ou des pervers mégalomanes. Mais tous ces exemples, dignes d'un film sur les services secrets, ne sont en réalité que très rares dans la vie courante. Et oui : heureusement, la manipulation au quotidien est beaucoup plus banale !

Manipuler, c'est influencer quelqu'un à son insu, insidieusement, de façon à ce qu'il fasse quelque chose qu'il n'aurait pas fait de lui-même sans notre intervention. La définition de la manipulation est plutôt large, comme ses applications, qui ne sont pas toutes négatives, comme on serait tous tentés de le croire. Par exemple, un bon manager manipule ses employés quand il essaie de trouver des leviers de motivation pour qu'ils donnent le maximum d'eux-mêmes et qu'ils atteignent leurs objectifs. En fait, la manipulation est tout simplement partout, puisqu'elle fait partie de la communication. Il est donc normal que la communication non verbale soit elle aussi utilisée pour manipuler autrui.

Évidemment, de nombreuses postures ou mimiques peuvent aider à manipuler les autres. Par exemple, une personne peut volontairement prendre une attitude soumise pour obtenir ce qu'elle veut, comme peuvent le faire les enfants par exemple. Ou encore prendre une attitude fermée, pour déstabiliser l'autre, comme pendant une négociation entre deux parties. En ce qui nous concerne, nous allons nous limiter à deux techniques spécifiques de manipulation : la synchronisation et le toucher.

La synchronisation

La technique de la synchronisation consiste à imiter une autre personne. Si elle est bien faite, elle permet de paraître proche de l'autre, et donc d'avoir l'air plus sympathique à ses yeux.

La synchronisation est, à la base, une notion tirée d'une discipline psychologique qui est assez récente, la programmation neurolinguistique, appelée plus communément PNL. La PNL est un ensemble de théories qui proposent des moyens à mettre en œuvre pour mieux communiquer avec autrui : la synchronisation physique en fait partie. La PNL part du postulat qu'il faut, pour bien communiquer avec les autres, se mettre sur la même longueur d'onde. Parallèlement à cela, nous savons que deux personnes qui s'entendent bien adoptent souvent les mêmes postures quand ils sont ensemble, ou le même timbre de voix : leurs corps sont comme reliés par des liens invisibles, ils s'influencent l'un et l'autre. La synchronisation est donc la reproduction de ce lien amical.

Cette technique, quand elle est bien maîtrisée, permet de paraître immédiatement plus aimable, puisque similaire à son interlocuteur. Elle est très utilisée dans les milieux de la vente aux particuliers, notamment parce que la PNL a connu un grand succès dans les séminaires de management. Le risque est de singer l'autre : cette technique demande donc du doigté et de la subtilité, dans la mesure où la synchronisation peut vite devenir une imitation de mauvais goût, assez désagréable pour la personne avec qui on veut créer un lien.

La technique du toucher

Une autre technique de manipulation faisant intervenir le langage non verbal est ce que l'on appelle la technique du toucher. Là encore, le but de cette technique est de paraître plus sympathique et plus proche de la personne que l'on souhaite influencer, pour faire en sorte de la mettre dans de bonnes conditions avant de lui demander quelque chose. La technique est très simple : elle consiste à faire une demande (raisonnable) en s'assurant de toucher la personne à qui l'on parle. Un léger toucher de l'avant-bras peut suffire !

Cette technique a été largement testée lors de plusieurs expériences. Dans l'une d'elles, des personnes trouvaient des pièces dans une cabine téléphonique. Ces personnes mettaient en général ces pièces dans leurs poches. Quand elles ressortaient de la cabine, quelqu'un (un complice) les interceptait et leur demandait « *N'avez-vous pas trouvé des pièces sur la tablette ?* » Une fois sur deux, cette demande était accompagnée d'un léger contact sur leur avant-bras, d'une ou deux secondes. Résultat : le taux de restitution des pièces était bien plus élevé quand il y avait contact entre les deux personnes, comme si le toucher ouvrait une voie vers une communication positive.

Dans d'autres domaines aussi, le toucher permet d'obtenir plus facilement ce que l'on veut : ainsi, les patients qui sont « touchés » par leur médecin prendraient mieux leur traitement... Alors faites attention la prochaine fois que l'on vous fait une demande en vous touchant le bras !

À RETENIR

Manipulation et communication

Le terme manipulation est souvent utilisé de façon très négative, mais la manipulation n'est souvent qu'influence. Concernant l'utilisation de la communication non verbale dans la manipulation, cela consiste souvent, via l'utilisation de son corps, à mettre son interlocuteur dans de bonnes conditions pour qu'il accède plus facilement à notre demande.

La synchronisation : une gestuelle propre aux amis

Cette technique part du principe que deux personnes qui s'entendent bien ont souvent la même gestuelle : si l'un avance le pied, l'autre le fait aussi, etc. La synchronisation consiste donc à « imiter » son interlocuteur (de façon subtile de préférence), pour paraître sur la même longueur d'onde et donc, ainsi, le conditionner favorablement à une demande…

Le toucher, une technique très efficace

L'effet du contact est aussi troublant : les gens seraient plus malléables et nous paraîtrions plus sympathiques rien qu'en multipliant les contacts physiques avec eux. D'ailleurs, des études le prouvent : une demande a beaucoup plus de chances d'aboutir si vous l'accompagnez d'une légère pression de la main sur le bras de votre interlocuteur.

Éviter le regard de l'autre

Ce geste, très parlant, trahit un menteur ou un manipulateur peu confirmé et donc peu convaincant. Il résulte de son impossibilité de vous regarder dans les yeux car il se sent coupable. Vous le confondrez donc bien vite en insistant un peu et en demandant des détails précis sur ce qu'il vous dit.

Se mordiller la lèvre

Ce geste, qui peut être aussi un geste de séduction, demeure indéniablement un signe de tension (sexuelle ou coupable, selon les cas). Dans le cas des mensonges, se mordre la lèvre s'apparenterait à une tentative désespérée de votre cerveau pour vous empêcher de dire quelque chose de faux…

Regard fixe

Mentir de façon consciente et convaincante demande beaucoup de concentration, et cette concentration, sur le visage, se retrouve dans les mouvements des yeux. Ainsi, si votre interlocuteur ment, il aura tendance à garder le regard fixe, sans cligner des paupières, pour mieux se concentrer.

Sourire ouvert

Le sourire ouvert montre toutes les dents, et ne cache rien. C'est en général le plus communicatif, car le plus démonstratif, même si ce n'est pas forcément un vrai sourire sincère (les yeux doivent se plisser aussi). C'est souvent le sourire du dominant, qui n'hésite pas à montrer ses dents.

© Oliver

Comment savoir si l'interlocuteur est en désaccord ?

Il est assez simple de voir si votre interlocuteur est hostile à vos idées. Les premiers signes à repérer sont tous les signes de fermeture, comme le croisement des bras, surtout s'il est accompagné d'un retrait général du corps vers l'arrière. Évidemment, si votre interlocuteur commence à croiser les bras et les jambes, il est alors judicieux de s'interrompre et de lui demander son avis avant d'aller plus loin ! En aucun cas, vous ne le convaincrez s'il garde cette attitude !

Comment déceler les signes de domination ?

Dans le langage corporel, beaucoup d'éléments dépendent de votre statut de dominant et de dominé, ce qui reflète d'ailleurs la réalité dans notre vie sociale. Et comme dans la vie quotidienne, le statut de dominant n'est pas forcément visible de manière ostentatoire. Cela peut être beaucoup plus subtil. Par exemple, vous pouvez vous montrer dominant tout simplement parce que vous montrez que vous êtes à l'aise : pieds écartés devant vous et non serrés, bras détendus sur les accoudoirs...

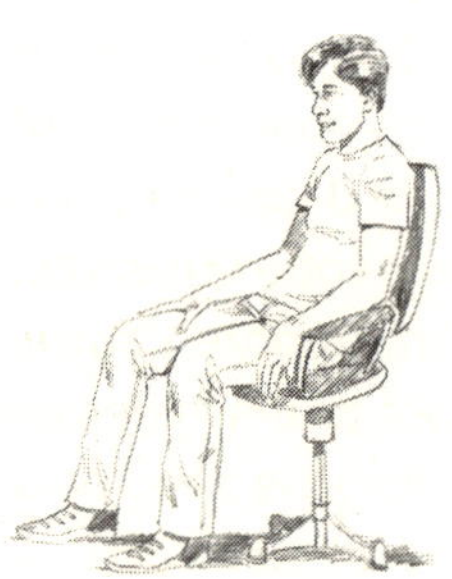

Quels sont les signes typiques du mensonge ?

Les signes du mensonge sont les gestes en direction du visage. En effet, la plupart des personnes qui mentent ne peuvent s'empêcher de toucher leur bouche (la cachant totalement ou partiellement), leur nez, leurs yeux ou leurs oreilles, de manière très furtive, mais parfois répétée. De plus, il a été prouvé que les personnes qui mentent sourient moins que les personnes disant la vérité. A contrario, si elles sourient, leur sourire faux reste trop longtemps sur le visage pour être honnête…

Que faire en cas d'agressivité ?

Comment montrer à l'autre seulement avec votre corps que vous ne voulez pas entrer dans l'escalade de la violence ? Cela peut être en montrant votre soumission. Mais vous pouvez aussi désamorcer la violence en montrant votre ouverture, votre volonté de comprendre l'autre. Ainsi, en montrant tout simplement les paumes de vos mains et en souriant de façon discrète, votre interlocuteur saura tout de suite que vous ne voulez pas vous engager dans un rapport de force.

© Oliver

Comment faire bonne impression en une poignée de main ?

Quoi de pire qu'une mauvaise poignée de main pour faire mauvaise impression ? Alors qu'une bonne poignée de main est si facile à faire, pour un maximum d'effets ! Ainsi, faites en sorte de serrer la main de votre interlocuteur fermement, avec une main de préférence sèche. Une bonne poignée de main doit également être profonde : les deux creux du pouce doivent se toucher. Enfin, assurez-vous que l'autre tend le bras autant que vous. Si ce n'est pas le cas, c'est qu'il essaie de prendre le dessus !

Que révèle la double poignée de main ?

La double poignée de main (l'une des deux personnes recouvre la poignée de main avec son autre main, d'un geste protecteur) est un geste fréquent, surtout quand deux hommes politiques essaient d'avoir l'air plus proche qu'ils ne sont en réalité. Car la double poignée de main signifie : « Je suis avec vous de tout cœur ». Et c'est un geste tellement intime (on le voit par exemple aux enterrements) qu'il ne peut être que feint quand il est fait envers quelqu'un que l'on connaît depuis deux heures !

Comment paraître autoritaire juste avec ses mains ?

Cela peut sembler difficile, mais c'est en fait très simple, et cela tient en un mot : paume. En effet, les gestes qui montrent les paumes des mains sont tous, sans exception, des gestes d'ouverture, voire de soumission ou de prière (dans certaines religions, les pratiquants doivent tendre les paumes de leurs mains devant leur dieu). A contrario, les gestes montrant le dos de la main ou les poings fermés font tous partie du registre dominant. Pour vous en souvenir, pensez au salut nazi...

Quels sont les pouvoirs du toucher ?

Les commerciaux le savent bien : le toucher est une arme de persuasion massive ! Et cela est corroboré par de nombreuses études. En effet, ces dernières montrent que le fait d'être touché (sur le bras ou sur l'avant-bras), et ce même par un inconnu, augmente de manière notable la sympathie naturelle que l'on peut lui porter. Évidemment, cette technique, même si elle est efficace, est loin d'être infaillible, car certaines personnes, peu tactiles, peuvent mal supporter ce signe de familiarité...

Bise à droite ou à gauche ?

Quand on étudie la communication non verbale, on s'interroge souvent sur la latéralité des gestes, c'est-à-dire sur le fait qu'ils soient exécutés par le côté gauche ou droit du corps, notamment à cause d'une histoire de cerveau gauche et droit... Ainsi, lorsque l'on fait la bise par exemple, certains synergologues assurent que tendre la joue gauche en premier serait un signe encourageant (la personne nous plaît), alors que tendre la joue droite en premier serait plutôt un signe subtil de rejet...

Comment voir si l'on vous écoute vraiment ?

L'écoute est caractérisée par un regard direct et un hochement de la tête. De plus, quand on est intéressé par ce que l'autre nous dit, il arrive que l'on mette sa main fermée contre sa joue, l'index souvent pointé vers le haut : cela signifie que l'on réfléchit au discours que l'on entend. En revanche, dès que l'on commence à s'ennuyer, c'est automatique : la tête pèse de plus en plus lourd. La main va donc progressivement soutenir le poids de la tête, de manière plus ou moins appuyée...

Comment savoir si notre interlocuteur cache son énervement ?

Pour le savoir, il est utile de regarder les mains de votre interlocuteur. Si ce dernier retient une main avec l'autre, en la tenant sur la tranche externe, c'est que vous aurez certainement du fil à retordre avec lui ! Le tranchant de la main symbolise en effet le tranchant d'un couteau ou d'une épée, et l'ancrage au niveau du tranchant est souvent le signe d'une agressivité refoulée, ou du moins latente : un peu comme si l'une des mains empêchait l'autre d'agir et d'exprimer sa colère...

Pourquoi certaines personnes se balancent-elles toujours sur leur chaise ?

Certains individus, en effet, nous rappellent de vieux souvenirs d'école à leur manière de se balancer d'avant en arrière sur leur chaise. À l'école, cela signifiait que l'élève en question commençait à s'ennuyer ou perdait de l'attention. En tant qu'adulte, cela signifie souvent que quelque chose le dérange, ou qu'il cherche à comprendre un élément difficile. Même chose si l'on s'assied de guingois sur sa chaise (dans une position autre que la position pour laquelle la chaise a été faite).

Comment se rendre compte que l'on fait mauvaise impression ?

Imaginez que vous vous trouviez lors d'un entretien d'embauche à la place de celui qui recrute, et vous voyez arriver un hurluberlu qui vous fait mauvaise impression. Quelle serait, d'après vous, la posture que vous adopteriez ? C'est simple : vous auriez certainement la main devant la bouche (avec votre main en « pince », le pouce et l'index de part et d'autre de la bouche), et le coude en appui sur la table ou l'accoudoir. Et vous regarderiez le candidat par-dessous (ou par-dessus vos lunettes)...

Que signifient les bras croisés ?

Nous savons que les bras croisés peuvent signifier l'hostilité ou le désaccord, mais ce n'est pas leur seule signification. De fait, nous croisons tous les bras (et ce quelle que soit la culture ou l'origine) quand nous nous sentons mentalement envahis, ou quand nous souffrons d'un déficit d'estime de soi. Ainsi, il est prouvé que plus vous croisez les bras, moins vous vous sentez en confiance. D'ailleurs, si vous croisez une femme seule dans la rue le soir, elle croisera forcément les bras !

Quels sont les signes de domination ?

Certains gestes montrent une domination sans partage. Par exemple, si un individu vous serre la main en posant sa main gauche sur votre épaule droite, cela peut passer pour une preuve d'amitié ou de proximité. Mais cela signifie surtout que la personne en question vous considère en quelque sorte comme son vassal. Ainsi, ce geste peut être normal de la part d'une personne plus âgée ou d'un supérieur hiérarchique. Si c'est un ami, en revanche, méfiez-vous de ce qu'il va vous demander !

Les coudes : que nous disent-ils de nous ?

Les coudes sont souvent le soutien indirect de la tête. Ainsi, si l'on soutient sa tête de la main droite, cela implique une écoute attentive, voire évaluative. En revanche, la tête soutenue par le bras et le coude gauches se révèle souvent pleine d'ennui face à une discussion sans fin ! De plus, le fait de se soutenir la tête avec les coudes en appui est signe d'une certaine indécision. Enfin, le fait de tenir l'un de ses coudes avec la main opposée est le signe que l'on redoute un échec.

LES GESTES CULTURELS

Le langage du corps est universel… ou presque ! Alors que certains gestes sont compris de tous, d'autres tiennent à des particularités culturelles. Découvrez les spécificités de la communication non verbale aux quatre coins du monde !

On parle tous le même langage (ou presque...)

« Un regard est dans tout pays un langage simple à déchiffrer. »

George Herbert

Témoignage

« Il y a quelques années, je suis allée faire un tour en Asie, au Japon plus précisément. La difficulté, c'est que je ne parlais pas du tout japonais et que les Japonais sont eux-mêmes, contrairement à ce que l'on pourrait penser, très mauvais en langues étrangères. Heureusement, j'avais un contact à Tokyo qui a pu m'aider pendant mon séjour, un ami qui habite là-bas depuis un moment, Damien. Bien sûr, il m'a briefée sur les choses à faire et à ne pas faire : ne pas piquer les baguettes dans le riz à la verticale par exemple (geste lié à la mort) ou ne pas chercher à serrer la main de mes interlocuteurs... Les règles de politesse et de préséance sont d'ailleurs très complexes là-bas et j'ai bien peur d'avoir fait quelques impairs malgré les conseils reçus !

En revanche, même s'il est vrai que beaucoup de gestes sont différents ou ont une signification différente là-bas, j'ai été agréablement surprise par le fait qu'il n'était pas si difficile de se faire comprendre pour les choses importantes en fin de compte, même si c'était la première fois que je partais dans un pays dont je ne connaissais pas la langue.

Par exemple, mon ami a, pendant mon séjour, perdu un ami japonais et nous avons été à ses funérailles. J'ai observé tout cela d'un œil extérieur je l'avoue, puisque je ne connaissais pas le défunt et je me suis finalement fait la réflexion que la tristesse est la même quelle que soit la partie du monde, malgré les coutumes et les langues différentes ! »

Sabrina, 36 ans.

Un peu de théorie

Tous différents, mais tous les mêmes!

En effet, on le voit bien dans le témoignage de Sabrina qui relate son expérience au Japon: de par le monde, les codes liés au langage corporel sont à la fois très différents, mais aussi très semblables selon les gestes et les situations. En fait, nous distinguons dans ce contexte deux types de langages corporels: l'un que l'on nommera « universel » et l'autre que l'on appellera « culturel ».

Le langage du corps culturel est assez subtil à comprendre et peut donner lieu à des maladresses, voire des impairs importants en cas de méconnaissance, car il faut en maîtriser les codes. Sabrina en donne plusieurs exemples: le salut japonais, les baguettes plantées dans le riz... La signification de ces gestes relève de l'histoire du pays, de la coutume, de la politesse, mais est aussi liée aux tabous et superstitions de chaque culture.

Le langage du corps universel est, lui, comme son nom l'indique, compréhensible par n'importe quelle personne issue de n'importe quelle culture: ses codes sont les mêmes quelle que soit l'origine de celui qui émet ou reçoit le message. Ce langage universel recouvre notamment le langage corporel lié à la peur ou à la douleur, la colère et l'agressivité, la domination ou la soumission, qui sont des concepts et idées aisément transmissibles par le corps. D'autres idées comme: « *Je veux manger* », « *Je suis un ami et non un ennemi* » sont également très simples à transmettre.

Un langage profondément ancré en nous

Mais pourquoi comprend-on plus aisément ces gestes universels et qu'est-ce qui fait que nous pouvons communiquer avec d'un bout à l'autre de la planète ? Vous l'aurez deviné : toutes ces idées (et donc les gestes, attitudes ou mimiques qui les symbolisent) sont liées à notre survie et surtout à notre capacité à communiquer avec notre prochain dans le but d'assurer notre survie.

En effet, notre héritage culturel (ici au sens large, en tant qu'être humain) a fait de nous des êtres de constitution faible et donc forcément grégaires, qui devaient créer des groupes sociaux pour survivre. Et pour créer ces groupes, il fallait donc acquérir et développer plusieurs compétences : détecter une menace et prévenir les autres rapidement ou encore juger tout aussi rapidement du statut dominant ou dominé, agressif ou amical, de ceux qui nous abordaient. On pourrait même ajouter à ces compétences celle de savoir repérer rapidement un partenaire sexuel qui nous corresponde pour assurer notre lignée !

Rien d'étonnant donc que toutes ces compétences soient gérées par la partie la plus archaïque de notre cerveau : notre cerveau reptilien, qui gère également nos fonctions vitales inconscientes (respiration, régulation thermique etc.). Cette « organisation cérébrale », si l'on peut dire, explique aussi un autre mystère : le fait que nous ayons tous une certaine compréhension de l'autre uniquement basée sur notre « intuition » (qui vient en grande partie de notre cerveau reptilien).

Des informations données et interprétées à notre insu

Si, en effet, notre corps donne beaucoup d'informations à notre interlocuteur (et vice versa), nous prenons très rarement conscience de ces informations, pourtant capitales. Quand nous rencontrons quelqu'un par exemple, c'est à peine si nous avons sur le moment une pensée rapide, un jugement globalement positif ou négatif sur l'autre, du type « *Il me rappelle quelqu'un...* » ou « *Elle n'a pas l'air commode* » ou encore « *Il est sympa lui* ». Mais il est très rare de savoir exactement ce qui est à l'origine de ce jugement lapidaire, même si notre cerveau reptilien a, lui, fait un « scan » complet de l'autre ! Est-ce la forme de son visage que vous avez associée à un camarade qui vous a embêté en CM2 ? Est-ce son sourire qui vous a paru faux ou de bon augure ? Ou votre opinion vient-elle de certains gestes que vous avez interprétés comme autoritaires ?

Car il faut bien, ici, nuancer cet aspect purement « reptilien » du langage corporel. L'autre nous transmet, en effet, des informations via son corps, mais, comme toute forme de communication, leur interprétation est aussi soumise à des codes et des filtres qui sont personnels, issus de notre cerveau émotionnel, qui recense nos goûts mais aussi nos souvenirs et traumatismes. Si, par exemple, vous êtes quelqu'un d'autoritaire, vous trouverez sympathique ou « normale » une personne qui aura la même gestuelle que vous, alors que ce ne sera sûrement pas le cas si vous détestez les personnes qui font preuve d'autorité envers les autres.

À RETENIR

Un langage universel ou culturel

Certains gestes sont, en effet, universels et compréhensibles d'un bout à l'autre du monde, alors que d'autres sont spécifiques à chaque culture, voire parfois à chaque région ou ethnie. Leur interprétation, dans ce dernier cas, peut alors se révéler bien hasardeuse et des impairs importants peuvent avoir lieu si on n'en maîtrise pas les codes.

Une question de survie !

Le cerveau reptilien est la partie de notre cerveau la plus archaïque, la moins évoluée. C'est celle qui gère nos fonctions vitales et plus globalement notre capacité à survivre. C'est donc celle qui analyse pour nous, et souvent à notre insu, le langage corporel de nos interlocuteurs, en premier lieu pour détecter chez eux une menace éventuelle.

Une interprétation personnelle

Le cerveau reptilien n'est pas le seul à analyser le langage corporel de l'autre. Notre cerveau émotionnel y prend également part et pose sa propre grille de lecture sur la gestuelle des autres : ainsi, les mêmes gestes prendront parfois deux significations différentes suivant la personne qui en sera témoin, ses valeurs, sa personnalité, son éducation…

L’argent japonais

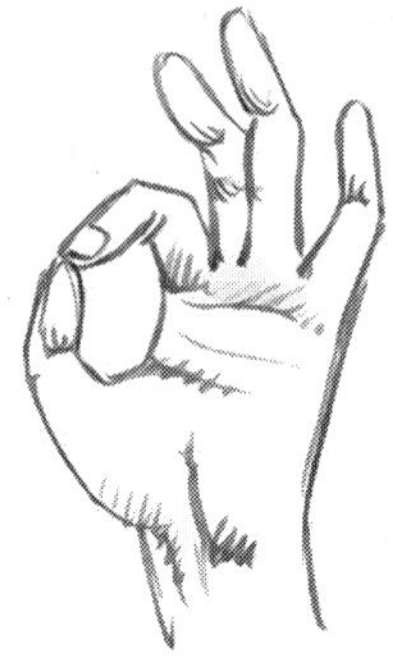

Ce geste, qui signifie en France « c’est OK » ou encore « zéro », prend en effet une tout autre signification au Japon ! Au pays du Soleil Levant, ce geste, plutôt familier, signifie en fait « argent », comme quand nous, Français, nous frottons notre index et notre pouce tournés vers le haut...

Le doigt d’honneur anglo-saxon

Ce geste, en France, signifie « deux », mais est une insulte chez nos voisins anglais. En effet, ce geste de la main vient de l’époque où on amputait ces deux doigts chez les archets anglais retenus prisonniers. Il est ainsi devenu un geste de défi fait par ceux qui avaient encore leurs dix doigts !

Une insulte japonaise

Pour vous, ce geste (main tendue vers l'autre, paume vers l'extérieur, doigts écartés et pouce replié sur la paume) est juste un « quatre » innocent... Mais gare à vous si vous le faites pour commander quatre bières dans un bar japonais ! Car c'est une insulte plutôt grave au pays du Soleil Levant !

Des Nordiques très raides

Si un Italien et un Suédois discutent ensemble, vous pouvez sans nul doute repérer leur nationalité d'un seul coup d'œil ! En effet, non seulement les Nordiques ne sont pas tactiles, mais en plus, plusieurs études prouvent qu'ils « parlent » beaucoup moins avec leurs mains que les Européens du Sud !

Tour du monde du langage du corps

« Dès qu'on parle une langue étrangère, les expressions du visage, des mains, le langage du corps changent. On est déjà quelqu'un d'autre. »

Isabelle Adjani

Témoignage

« Je dirais que je suis plutôt quelqu'un d'assez doué pour les langues étrangères. Je ne sais pas, ça me donne réellement l'impression de voyager, rien que par le fait de parler un langage complètement différent. Et puis, je trouve que chaque langue véhicule tellement de choses différentes : la philosophie du peuple, sa culture, sa façon de voir le monde. Quand on sait, par exemple, qu'il y a plusieurs alphabets en japonais (dont un qui comporte pas moins de plusieurs milliers de signes !), on se doute alors que la culture japonaise va se révéler très complexe… Par exemple, il y a quelques mois, je me suis mise au coréen après une rencontre passionnante avec un Coréen. Je dois dire que ce qui m'a marquée, notamment, c'est la différence dans la gestuelle entre une Française comme moi, et un Coréen comme lui. Les Coréens sont, pour ne parler que de cela, beaucoup plus économes en gestes que nous : imaginez comme ils doivent se sentir bizarres quand ils séjournent en Italie ! En plus, souvent, les gestes qu'ils font dénotent le respect qu'ils ont pour vous. Le plus drôle dans cette histoire, c'est que je m'aperçois que depuis que je parle un peu coréen, je ne peux m'empêcher de faire des gestes que je ne ferais jamais en parlant français : par exemple, quand je dis bonjour (qui se dit à peu près "anyong ha seyo"), et bien je baisse automatiquement la tête… c'est plus fort que moi ! »

Marilou, 22 ans

Un peu de théorie

La communication non verbale est-elle innée?

D'une manière générale, la communication non verbale est plutôt considérée comme « naturelle »: elle accompagne naturellement nos paroles, et la plupart du temps elle est inconsciente ou semi-consciente (on pourrait en prendre conscience facilement, mais on ne le fait que rarement). Elle se fait surtout de manière mécanique. Elle devient volontaire lorsqu'on veut appuyer ses dires, qu'on veut convaincre, en faisant des gestes explicatifs par exemple, ou quand on a en tête une idée bien précise de l'image que l'on veut faire passer. On peut cependant différencier deux types de gestuelles: les gestes dits « innés » ou « universels » d'un côté et les gestes dits « acquis » ou encore « culturels » de l'autre. Les gestes universels sont ainsi reproduits de la même façon partout dans le monde, ce qui laisse supposer aux chercheurs qu'ils sont « inscrits » en quelque sorte dans notre patrimoine génétique. Ces gestes sont en général liés à trois choses différentes. Première chose, nos émotions: la peur, la colère ou la joie se manifestent à peu près de la même façon autour du monde. La deuxième chose qui ne change pas quelle que soit votre position sur le globe, c'est la gestuelle liée à notre « position hiérarchique » dans le groupe dans lequel on évolue: ainsi, les signes de soumission et de domination sont universels. Et enfin, on peut également inclure certains gestes de séduction dans cette catégorie. Les gestes universels correspondraient ainsi à notre part « animale ».

Les grandes tendances dans le monde

Il y a donc d'un côté les gestes innés, communs à tous, et de l'autre côté, les gestes liés à la culture. Ces derniers sont variés : le simple fait de dire bonjour est par exemple très différent selon les cultures, selon les pays : poignée de main, bises, signe de tête... De plus, ces gestes vont également varier selon la catégorie socio-professionnelle ou la région d'origine (deux bises à Paris, trois à Montpellier, quatre à Béziers...) etc. On peut cependant dégager deux tendances prédominantes dans le monde. Certaines cultures vont être très riches au niveau de la communication non verbale, d'autres le seront beaucoup moins. Ce n'est pas une surprise, les cultures latines et africaines font partie des cultures les plus expressives au niveau de la gestuelle : les individus vont énormément utiliser leur corps pour communiquer. On ne présente évidemment plus les Italiens et leurs mains très volubiles ! Certaines cultures africaines ont aussi un côté très tactile, qui pourrait facilement surprendre, gêner ou énerver des ressortissants... disons suédois ou anglais, que l'on connaît moins enthousiastes, plus intérieurs... Autres cultures très sobres en ce qui concerne la communication non verbale : les cultures asiatiques. Au Japon, par exemple, toucher quelqu'un dont on n'est pas vraiment proche est mal vu, voire considéré comme un manque de respect... de même qu'exprimer des émotions très fortes... Peut-être est-ce pour compenser cela que les personnages de mangas sont si expressifs !

Gestes emblèmes et cultures

On appelle de façon générale « gestes emblèmes » ces gestes que l'on connaît tous, qui peuvent aisément se substituer aux mots et qui comportent donc leur signification propre : on peut par exemple évoquer le signe qui consiste à expliquer « il est fou » (avec l'index qui tapote la tempe). Certains de ces signes sont reconnus et compris partout dans le monde :

ils correspondent en général à des fonctions vitales, comme manger ou dormir. D'autres sont vraiment spécifiques à une culture ou à un pays et peuvent même signifier quelque chose de complètement différent ailleurs. On pense notamment au pouce levé, qui en général veut dire « super » ou « OK », mais qui, en Grèce, risque d'être pris pour une insulte... Attention donc quand vous faites du stop à Athènes ! Ainsi, les différences culturelles au niveau de la communication non verbale peuvent être très importantes selon les pays. On peut également mentionner les Japonais (qui rappelons-le sont très sobres et très pudiques d'un point de vue corporel) qui comprendraient à peine 30 % de nos gestes emblèmes ! Ces différences peuvent même concerner des gestes très simples, comme « oui » ou « non ». Car s'il est vrai que dans la majeure partie du globe, ces gestes sont les mêmes, cela n'est pas vrai dans d'autres régions, qui possèdent leurs spécificités. En Inde, par exemple, le « oui » s'exprime en dodelinant de la tête de gauche à droite, ce qui peut surprendre (car cela ressemble à s'y méprendre à notre « non »...).

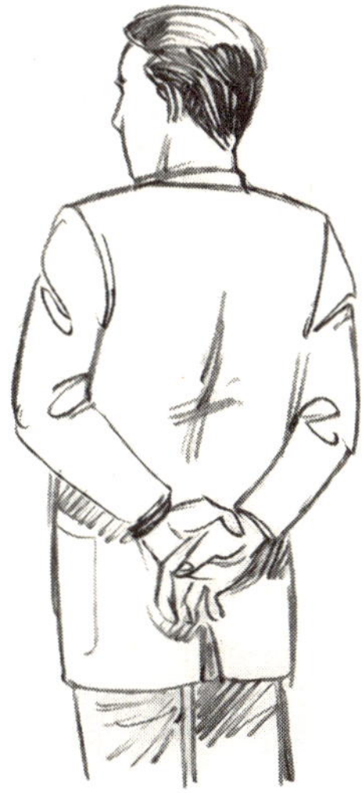

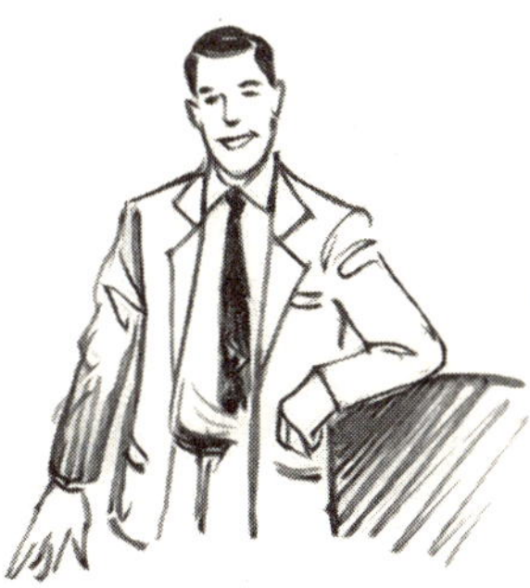

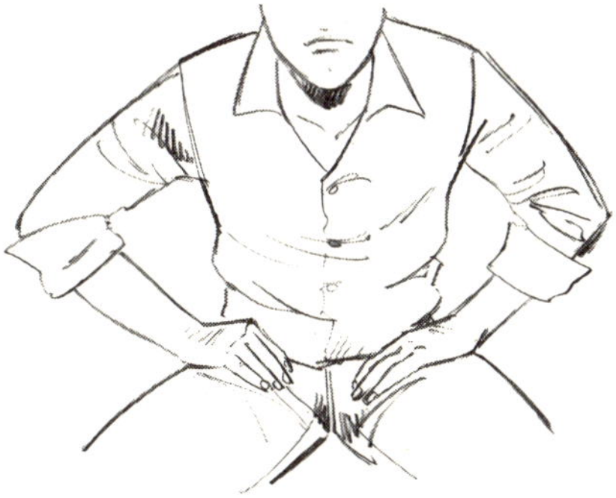

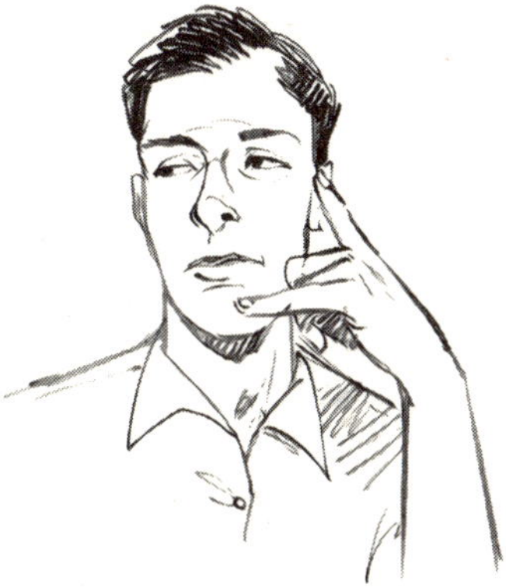

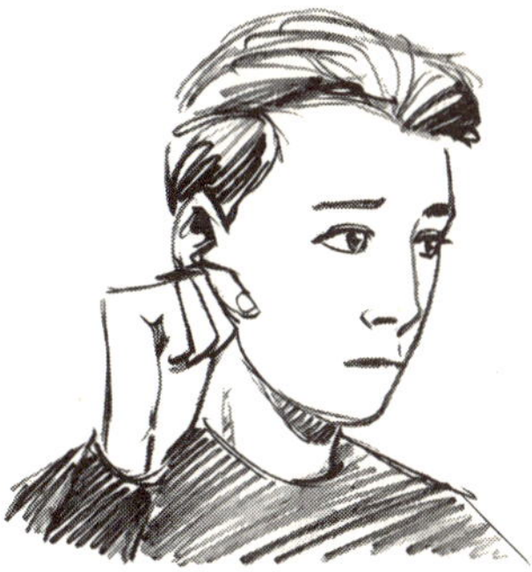

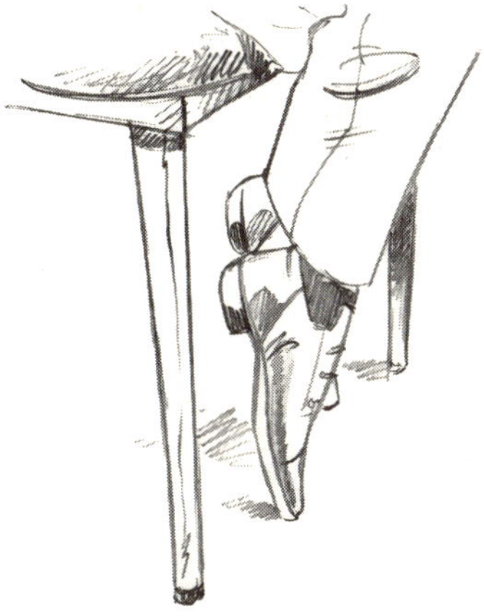

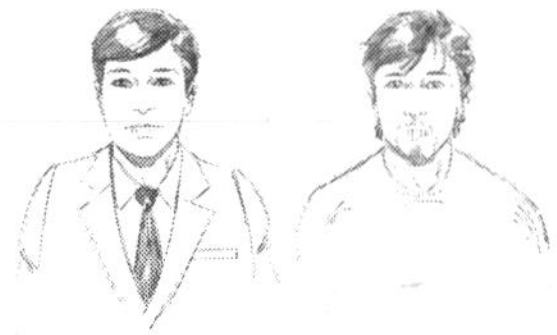

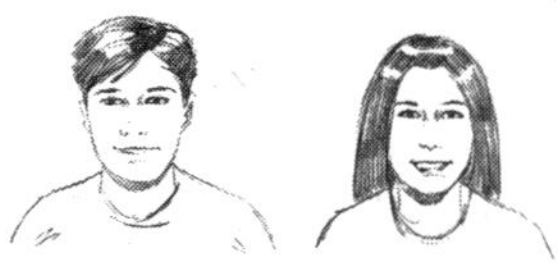

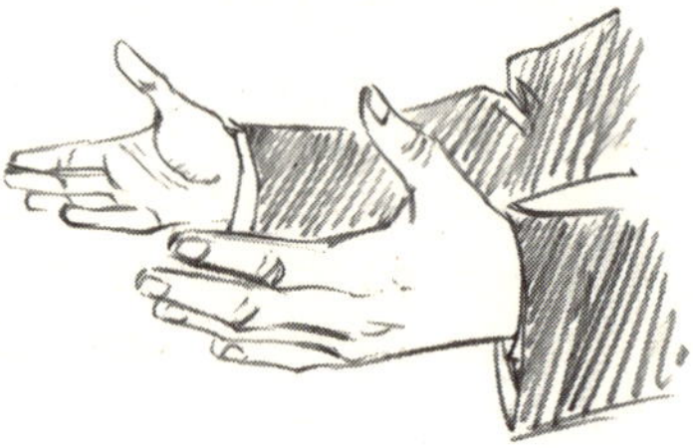

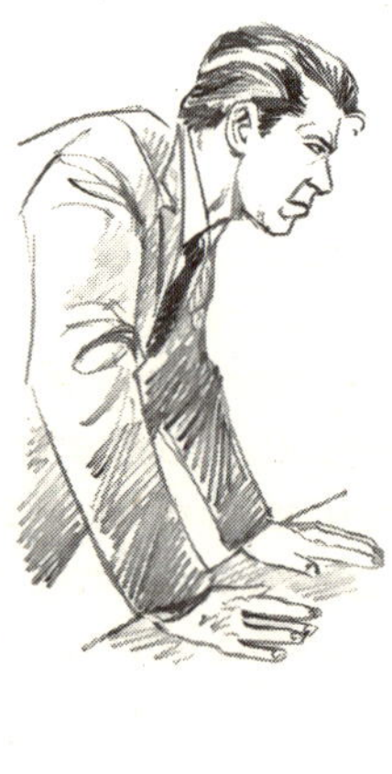

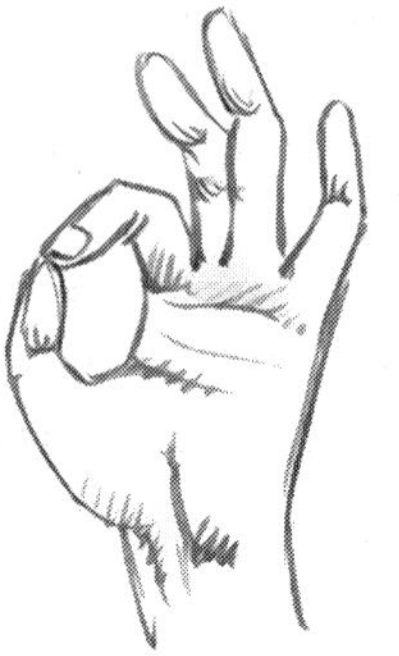

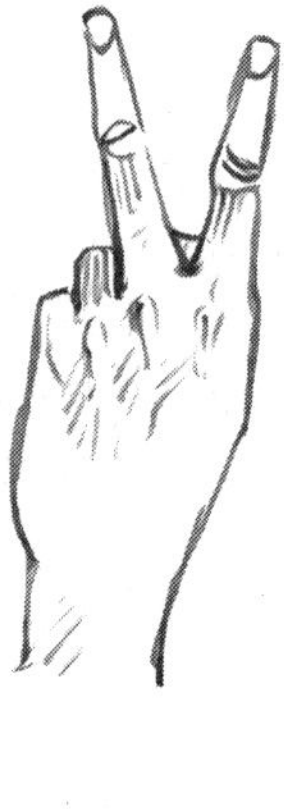

À RETENIR

Les mêmes gestes pour tous ?

De par le monde, certains gestes et attitudes sont immédiatement reconnus : les émotions, la soumission, la domination, voire aussi certains gestes de séduction. Ces gestes seraient issus notre part « animale », commune à tous les hommes, et inscrits dans notre patrimoine génétique, ils correspondraient donc à une sorte de langage universel.

Gesticulations internationales

Certaines cultures favorisent une communication non verbale enthousiaste, comme les cultures latines ou africaines, où le corps fait vraiment partie intégrante du discours. D'autres cultures, comme les cultures nordiques, anglo-saxonnes ou encore les cultures asiatiques, ont tendance à inhiber la gestuelle, dans un souci « d'ordre » ou de bienséance.

D'autres différences culturelles

Les gestes emblèmes, qui portent leur propre signification, sont loin d'être universels ! Ils peuvent même être la source d'une véritable incompréhension entre les peuples : ainsi, les Japonais ou les Hongrois comprendraient à peine la moitié de nos gestes emblèmes ! Une bonne raison de garder les mains dans les poches quand on est en voyage…

L'auto-stop en Grèce

Ce geste, qui peut aussi signifier « super » ou « c'est bon », est plutôt à éviter si vous faites de l'auto-stop en Grèce... En effet, vous risquez de marcher longtemps au bord de la route, voire de provoquer quelques bagarres, ce geste étant là-bas l'équivalent de notre majeur dressé en France !

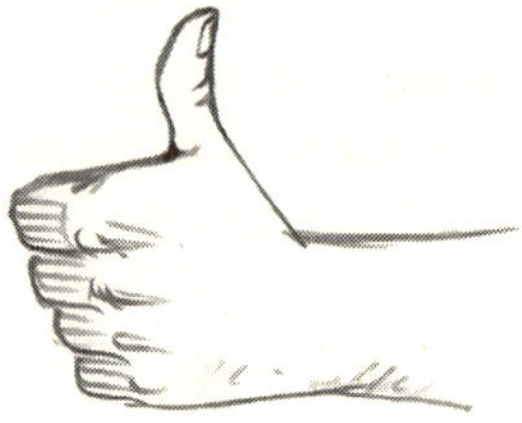

Les cornes de taureau

Ce geste a des significations très diverses selon les cultures. Aux USA, c'est un geste issu du milieu du football. Dans certains pays méditerranéens, c'est une insulte ou une façon de se protéger du mauvais œil. Et enfin, c'est aussi un signe de reconnaissance entre adeptes de black metal...

Le mauvais œil

Ce geste, universellement compris comme « Stop » (surtout quand c'est un videur de discothèque qui le fait !), signifie aussi « Cinq » dans la plupart des pays. En revanche, en Grèce et en Turquie particulièrement, il signifie « Va en enfer » et sert plutôt à envoyer le mauvais œil ! À éviter donc...

L'index qui insulte

En France, nous disons aux enfants qu'il est malpoli de montrer quelqu'un de l'index. Mais en Malaisie et aux Philippines, ce geste est une véritable insulte ! En effet, là-bas, on utilise plutôt le pouce pour montrer une direction ou une personne. Seuls les animaux sont pointés de l'index !

Le « oui » indien

On pense souvent que le geste « oui » en Occident (un mouvement vertical de la tête) est universel. Alors qu'il n'en est rien ! En effet, ce même message, en Inde, peut souffrir d'un problème de « traduction », car dans ce pays, on acquiesce plutôt en dodelinant de la tête d'une épaule vers l'autre.

La main gauche impure

Dans nombre de pays, religions ou ethnies, la main gauche est en effet considérée comme « impure ». C'est le cas pour l'Inde par exemple. Ainsi, dans ce pays, tendre la main gauche pour dire bonjour est une véritable insulte ! Même chose pour les repas : on ne mange pas de la main gauche !

Une plante de pied bien impudique

Dans la plupart des pays du Moyen-Orient, montrer la plante de ses pieds est considéré comme un signe d'irrespect. Si vous y êtes en visite, veillez donc, quand vous vous asseyez par terre ou sur un coussin, de bien faire attention de ne pas les exposer au regard de votre interlocuteur local.

Les Chinois champions du monde des crachats !

En effet, les Occidentaux sont souvent choqués par la coutume chinoise qui consiste à cracher par terre au lieu de se moucher. Et les Chinois, eux, trouvent répugnante cette habitude de se moucher dans un mouchoir que l'on remet ensuite dans sa poche (surtout si l'on doit leur serrer la main !)...

La bouche et les baisers

« Un baiser est un tour délicieux conçu par la nature pour couper la parole quand les mots deviennent superflus. »

Ingrid Bergman

Témoignage

« À vingt ans, je suis parti pour un an aux États-Unis, au Texas, dans le cadre d'un échange entre universités. Ce qui m'a le plus surpris quand je suis arrivé là-bas, c'est que les Américains ont très peu de contacts physiques entre eux, du moins en public. Par exemple, ils ne s'embrassent jamais, même entre amis, et plus surprenant pour moi, même entre amies féminines : ils se serrent la main, se saluent d'un signe de la tête, ou à la limite se font un "hug"*, c'est-à-dire une étreinte rapide. D'ailleurs on reconnaît aisément deux Français qui se rencontrent là-bas : ils s'embrassent ! C'était marrant parce qu'à mes débuts au Texas, je n'avais pas tout de suite pris les habitudes locales, et il m'arrivait fréquemment de tendre la joue quand je rencontrais une amie, ou une amie d'amie… ce qui me valait parfois des regards surpris, ou bien, dans le meilleur des cas, des éclats de rire un peu gênés, accompagnés d'un* "You are so… French !"*. Au final, comme cela faisait partie de mon "charme", j'ai gardé cette habitude d'embrasser les filles pour dire bonjour et au revoir, toujours avec le sourire, et la plupart d'entre elles rougissaient à chaque fois, ce qui ajoutait encore au charme… Ce qui est drôle, c'est que les personnes que je "bisouillais" gentiment finissaient souvent par devenir bien plus tactiles, à la manière française, et ce sont ces personnes-là avec qui j'ai gardé le plus de contacts… Comme quoi, les baisers créent plus de liens qu'on ne l'imagine ! »*

Frank, 24 ans

Un peu de théorie

La symbolique de la bouche et des lèvres

La bouche comporte, en effet, une symbolique forte : c'est via cet organe, dès le commencement de la vie, que l'enfant va communiquer avec sa mère, par le biais de la tétée, du sourire, des pleurs ou des cris. La bouche est, ainsi, le passage de la voix, de la respiration, de l'alimentation, bref, l'endroit privilégié du passage entre l'extérieur et l'intérieur, qui le maintient en vie et lui permet d'exprimer quelque chose. Par extension, la bouche fournirait donc des indices quant aux relations qu'entretiendrait une personne avec son entourage. De fait, nous connaissons tous, de façon presque instinctive, la symbolique d'une bouche aux lèvres pleines ou au contraire celle d'une bouche aux lèvres pincées et minces. Cette dernière dénoterait ainsi une personne dans le contrôle permanent, que ce soit au niveau affectif, social ou encore financier. Ce self-control serait même d'autant plus prononcé quand la bouche est peu expressive : la raideur des lèvres étant alors l'indice d'un manque de confiance en soi, et donc d'une volonté de faire attention à ce que l'on dit, pour ne pas être jugé négativement. Des lèvres pleines, au contraire, révéleraient une nature plus généreuse et sensuelle. D'ailleurs, le symbolisme sexuel des lèvres est aussi très important : un baiser étant souvent considéré comme une symbolisation, voire un prélude de l'acte sexuel. C'est pour cela qu'un baiser « avec pénétration » est souvent considéré comme un passeport pour… plus d'intimité.

Les Français spécialistes des baisers

Et oui ! il est bien connu que les Français sont réputés pour être des « bisouilleurs » invétérés ! D'ailleurs, cela déconcerte souvent les étrangers, plus particulièrement ceux qui sont plus pudiques et n'ont pas, comme nous, cette facilité de contact! La France est en effet le pays où l'on se fait le plus de baisers. Mais nous ne possédons pas non plus le monopole du baiser, celui-ci est présent dans la quasi-totalité des cultures de par le monde, qu'il soit amical ou social (les bisous sur la joue), amoureux (le fameux « *French Kiss* ») ou même filiaux. Ces derniers types de baisers, les baisers filiaux, ceux échangés entre une mère (ou un père) et son enfant, sont d'ailleurs restés pendant un long moment dans la ligne de mire des chercheurs. Certaines études montreraient en effet que les bébés français seraient embrassés bien plus souvent que les bébés anglo-saxons par exemple, et que ces multiples contacts les encourageraient ensuite à développer un comportement beaucoup plus sociable et plus tactile parvenus à l'âge adulte... Et d'ailleurs, ce ne serait pas le seul avantage du baiser filial: il a été prouvé que les bébés embrassés de nombreuses fois pendant la tétée auraient une meilleure succion et mangeraient donc mieux, souriraient plus et pleureraient moins. À long terme, faire fréquemment des bisous à son enfant l'encouragerait même à développer le langage de façon plus précoce et l'épanouirait davantage... Une chose reste donc à dire... Cocorico!

La latéralité des baisers

On parle de latéralité quand on se demande si nos gestes sont faits par le côté gauche ou par le côté droit de notre corps. En effet, cela a son importance, surtout dans l'étude des gestes. Ainsi, on sait déjà que la partie gauche de notre corps est commandée par la partie droite de notre cerveau, et vice-versa. Le cerveau droit est souvent décrit comme notre cerveau « féminin », le plus affectif, celui des sentiments et des émotions, alors que le cerveau gauche est considéré comme notre cerveau « masculin », c'est-à-dire celui qui gère plutôt les pensées et la logique. Le fait de tendre la joue gauche ou la joue droite en premier quand on veut embrasser quelqu'un aurait donc un sens plus important qu'on ne l'aurait pensé. Ainsi, une personne qui tendrait la joue gauche en premier quand on lui fait la bise laisserait parler son cerveau droit : ce serait une invitation à se connaître l'un et l'autre de façon plus poussée, plus personnelle. Par exemple, quand une femme tend sa joue gauche à un homme, cela sous-entendrait qu'elle ne serait pas insensible à ses charmes. Au contraire, une personne qui tendrait la joue droite serait beaucoup moins dans l'abandon : cela dénoterait de la méfiance envers son interlocuteur, et donc une certaine prise de distance et de la retenue. Pensez-y la prochaine fois que vous ferez la bise à un inconnu : si vous lui tendez naturellement la joue droite, c'est peut-être qu'il ne provoque pas chez vous un grand élan de sympathie !

À RETENIR

Montre-moi ta bouche

La bouche est un élément du visage très important dans l'étude de la gestuelle, de par son expressivité. En effet, sa taille ou encore sa forme (lèvres charnues ou minces...) seront symboliques de la relation que chacun a avec le monde extérieur : des lèvres minces et pincées seraient ainsi un signe de self-control un peu trop marqué...

Les Français champions du monde des baisers

Effectivement, après certaines études, la France est le pays où l'on échangerait le plus de baisers, dans le cadre d'une relation amicale, amoureuse ou encore filiale. Ce qui est tout à notre honneur, car les mêmes études montreraient par exemple que le fait d'embrasser ses enfants très souvent serait extrêmement bénéfique à leur développement.

Bise à gauche ou à droite ?

Le fait de tendre sa joue gauche ou droite lorsque l'on fait la bise à quelqu'un serait révélateur des sentiments que l'on entretient à son sujet. Tendre la joue gauche montrerait son intérêt, alors que tendre la joue droite serait un signe de méfiance... Cette « latéralité » dans nos baisers serait une conséquence de la latéralité de notre cerveau.

La bise... bien française

On s'embrasse beaucoup en France, comme dans tout le sud de l'Europe. En général, on se limite à deux bises, mais certaines régions vont même jusqu'à quatre. Alors ne vous étonnez pas que vos amis anglais ou suédois soient gênés par ce qu'ils considèrent comme des effusions un peu déplacées !

Ils se tiennent par la main...

Dans certains pays majoritairement musulmans (Turquie, Arabie saoudite...), un homme et une femme ne peuvent avoir de contact en public. Mais vous pouvez y voir deux hommes se tenir par la main... sans que cela ait la moindre connotation sexuelle ! Voyez-y seulement un signe de respect et d'amitié...

Le salut asiatique

Les Asiatiques sont peu tactiles, et se saluent donc en évitant de se toucher, mais les pratiques varient selon les pays. En Asie du Sud-Est par exemple, la poignée de main est donc remplacée par un geste qui rappelle nos prières, accompagné d'un mouvement du buste et de la tête vers l'avant.

Les subtilités du salut japonais

La société japonaise est très hiérarchisée et très codifiée, et le salut japonais en est la meilleure illustration. Une secrétaire qui salue son patron doit ainsi pencher son buste afin qu'il forme un angle aigu avec ses jambes, alors que son patron se contente, lui, d'un léger mouvement de tête…

Le baiser sur le front

Ce rituel de salutation est à la fois asymétrique, intime et tendre. En effet, c'est plutôt le geste d'une mère pour son enfant, ou encore une forme de bénédiction. Dans tous les cas, la personne qui embrasse le front d'une autre a envers cette dernière une attitude forcément protectrice.

Les baisers aériens

Geste mondain par excellence, les baisers aériens impliquent un contact joue contre joue, mais sans contact lèvres contre joue. Ils dénotent une certaine distance relationnelle, quand par exemple deux personnes inconnues se rencontrent et souhaitent paraître joviales sans forcément l'être.

Les baisers passifs

Ceux-là sont aussi désagréables que les poignées de main mollassonnes : c'est quand votre interlocuteur tend juste la joue, sans même simuler un baiser. Ces baisers-là sont en général le fait de personnes hautaines, passives ou détachées émotionnellement, ou qui ne vous apprécient pas vraiment !

Quatre bises pour se saluer

La mode des quatre bises est récente, et elle se développe surtout dans les villes. Certains sociologues pensent que c'est une réaction émotionnelle à l'insécurité ambiante (économique, physique...). Ainsi, le fait de faire quatre bises nous rassurerait et nous aiderait à créer des liens plus forts...

Doit-on changer son comportement à l'étranger ?

Certains pays, comme ceux situés au nord de l'Europe, ainsi que les pays anglo-saxons et asiatiques, n'ont pas la même tolérance au « toucher » que nous : en d'autres termes, un Japonais se montrera toujours infiniment moins tactile qu'un Italien ! Au Japon, rien que le fait de serrer la main est par exemple un acte très codifié, et la bise, n'en parlons pas ! Contentez-vous donc de saluer votre interlocuteur en vous inclinant devant lui, d'autant plus bas que son statut social est élevé...

Quels gestes faut-il éviter à l'étranger ?

Encore une fois, certains gestes restent universels, alors que d'autres ont des significations bien différentes selon les pays et les cultures. Par exemple, ce qui peut passer en France pour un « deux » est considéré en Angleterre comme une insulte (similaire à notre « bras d'honneur »). De même, évitez de faire « OK » ou « super » en montrant votre pouce, notamment en Grèce, ou même de faire du stop de la même façon, car vous risquez de marcher très longtemps avant que quelqu'un ne vous prenne !

Quels sont les signes de la peur ?

La peur est une des émotions fondamentales, tout comme la joie ou la colère, dont les codes sont les mêmes pour tous, quelle que soit votre origine ou votre culture. Ainsi, partout dans le monde, elle se manifeste par des gestes dits de protection, qui équivalent en fait à se faire plus petit qu'on ne l'est : on se recroqueville, on ramène les bras et les jambes vers soi, etc. Les psychologues s'accordent pour dire que cette réaction servirait à montrer à l'autre qu'on ne veut pas livrer combat !

Que représente la distance physique entre les gens ?

Avez-vous remarqué comme certaines personnes sont tactiles, alors que d'autres tressaillent au moindre contact ? C'est une question de distance, et il convient de savoir garder la bonne distance avec les autres, surtout s'ils sont de sexe opposé, ou de culture différente. Par exemple, une femme est en général plus tactile qu'un homme. Mais ce sera différent si elle discute avec un homme : elle gardera facilement ses distances, sauf si, bien sûr, elle souhaite lui envoyer un signal de séduction…

CONCLUSION

Vous voilà désormais incollable en langage des gestes ! Vous avez toutes les clefs en main pour paraître plus convaincant, plus séduisant, plus charismatique ! Vous savez également comment déjouer les manipulations, désamorcer l'agressivité des autres grâce à votre gestuelle, reconnaître l'état émotionnel de vos proches ou encore confondre les mensonges ! Bien sûr, la maîtrise de toutes ces astuces peut prendre du temps : ne soyez pas trop dur avec votre corps, et ne culpabilisez pas sous prétexte que vous avez croisé vos jambes ou vos bras alors « qu'il ne fallait pas » !

100, rue Petit - 75019 Paris
Auteur : Marie-Laure Cuzacq
Imprimé par FINIDR - Lipova cp. 1965 - 73701 Cesky Tesin - République Tchèque

Dépôt légal : mars 2017- Achevé d'imprimer : mars 2017
N° ISBN : 978-2-8226-0548-9